培养现代农民

焦守田　著

中 国 农 业 出 版 社

图书在版编目（CIP）数据

培养现代农民/焦守田著．—北京：中国农业出版社，2004.12（2009.1重印）
ISBN 978-7-109-09454-3

Ⅰ．培…　Ⅱ．焦…　Ⅲ．乡村教育—研究—中国　Ⅳ．G725

中国版本图书馆CIP数据核字（2004）第129767号

中国农业出版社出版
（北京市朝阳区农展馆北路2号）
（邮政编码100125）
责任编辑　姚　红

北京通州皇家印刷厂印刷　　新华书店北京发行所发行
2004年12月第1版　　2009年4月北京第4次印刷

开本：850mm×1168mm　1/32　　印张：5.875
字数：143千字　　印数：14 001～19 000册
定价：15.00元

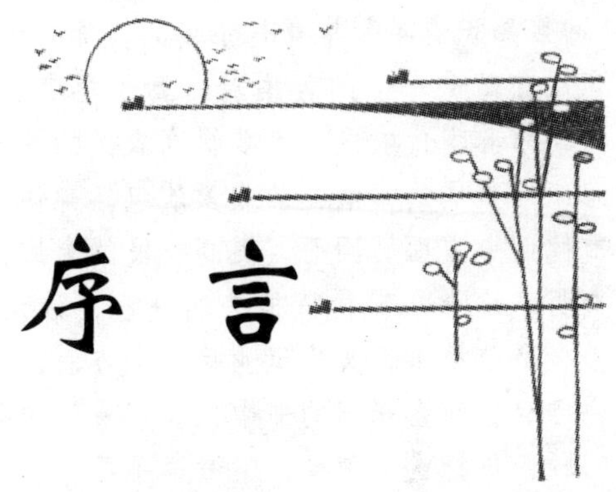

序 言

我与守田同志相识多年，最近得知他所著的《培养现代农民》一书即将付梓，我有幸先睹，阅后收获颇多。以往与守田的接触，有助于我理解此书的内涵和底蕴；而通过阅读此书，又使我更深切地了解了守田。

守田来自于土生土长的农民家庭，从他的年龄看，应是“老三届”中的老初三。用他自己的话讲，那场史无前例的“文化大革命”，“打破了自幼刻苦编织的大学梦”，回村担任了大队会计，1970 年参军入伍。从他青年时期的经历看，我的需要验证的假设之一是他应为贫下中农出身，属于根红苗正之列；假设之二是他上学时肯定学习刻苦，成绩名列前茅。我在以“下乡知识青年”的身份到内蒙古农村接受贫下中农的“再教育”时，也曾接触过与守田经历类似的青年，他们的正式身份是“回乡知识青年”。在当时的条件下，村里能出一个中学生还是很不容易的，他们大都是同辈人中的佼佼者，回村后大都当上教师、会计等能使其人力资本发挥效应的工作。粉碎“四人帮”后，他们中的不少人，或考学，或上调，进入旗（县）或市，在各自的岗位上都有所成就。但像守田这样，回乡、入伍，到县里当一般干部，进修深造，回县从事农村政策工作，又到基层担任乡党委书记，此后专门从事农村经济的研究工作，一步一个脚印，现成为北京市农村经济研究中心的主要领导之一，具有像他这样经历和成就的

"回乡知识青年"毕竟是不多的。那守田的个案有什么特殊性呢？

守田是一个刻苦用功、勤于思考、善于积累的人。守田指出，培养现代农民，就要提高农民的综合素质。他援引国际劳工组织对素质的归纳，认为素质包括身体、文化、技能能力、思想道德四个方面。因而，提高农民的素质，必然涉及到农村的物质文明、政治文明和精神文明建设，涉及到农村的教育、医疗卫生、科技推广、文化事业等各个方面，这是一个综合性很强的研究题目。而在守田的书中，我们看到了既有对中国历史、传统的回顾，包括对晏阳初、梁漱溟平民教育理论和实践的评述；也有对国外经验的总结。既有对西方古典政治经济学理论、现代人力资本理论和终身教育理论的引证与分析；也有对世界银行、国际劳工组织、世界卫生组织等国际机构有关文献的检索和跟踪研究；同时还有国内农村相关案例的介绍。书中引用的大量资料和数据实际上是守田多年读书、思考的结晶。水滴石穿、厚积薄发，这是守田做人、做事风格的写照。

守田对农民和农村有着深厚的感情，但这种感情又与冷静的理性分析结合在了一起。在书中，他一针见血地指出，"'三农'问题的成因，主要是我国工业化进程中计划经济体制形成的城乡分割和向工业、向城市倾斜的政策"。"多年来在社会经济二元结构条件下，农民更多地成为制度变迁的牺牲品"。他认为，解决"三农"问题的关键是提高农民的综合素质，把传统农民培育成现代农民。

阿马蒂亚·森曾指出，贫穷并不仅是收入的剥夺，更重要的是能力的剥夺，穷人无法行使某些基本的功能，这是一种绝对的剥夺（阿马蒂亚·森：《以自由看待发展》第4章，中国人民大学出版社，2002年）。公平分配，首先是获取和使用机会的能力培养上的公平。而现行的收入再分配体制恰恰在一些方面剥夺了农民及其子女的能力，没有为他们提供与社会其他人士公平竞争的一个平等的起点，造成了农民的综合素质低下，农村劳动力的人力资本的质量难以提升，就业机会难以获得，农民的收入难以增加。而要改变这种状况，则要改革社会保障的体制，调整收入再分配的格局，来创造、保护和促进弱势群体的能力，使他们能与社会上其他人一样，能得到机会、利用机会，在相对平等的基础上竞争，传统农民才能真正转化为现代农民。

守田在书中尖锐地指出培养现代农民进程中农村卫生、教育等方面存在的问题。政府为农村提供医疗保障还没有被纳入公共产品的范畴，“从某种意义上说，农民享有医疗健康的权利是被剥夺了”。九年义务教育在农村落实的不好，“农民在享受教育的权利上得不到与城市居民的同等待遇”，而农村教育经费严重不足的一个重要原因是有利于中央财力集中、有利于城市的财政政策。他强调，国家要坚持城乡统筹的方针，彻底打破城乡二元结构。教育、科研、文化、卫生等部门切实要把工作的重点放在农村，政府投入的重点应该是农村非竞争领域的公共基础设施和公益物品。而九年义务教育、农村医疗卫生事业，尤其是农村初级预防保健，都属于国家应投入的公共产品之列。他还着重指出，为使农民能获得应有的权利，要加快农村民主化和法治化进程，提高农民行使民主权利的能力和水平。他的这些论述，既有翔实的数据资料为依托，又有冷静、缜密的分析为引导，把培养现代农民的理论与实践，感情与政策较好地结合了起来。

守田是个有心人。他的外表给人的感觉似乎有些木讷，但实际上“敏于事而慎于言”，考虑问题周详细致，为人执着、认真、实在。对同事、对工作和对自己都是一样的态度。他觉得对老百姓、对政府都有好处的事，都值得他下功夫去努力。以前在闲聊中，他也说过，在回乡、入伍期间，也曾有过改变命运的机会，但最终机会没有轮到他，而他没有埋怨命运，还是踏踏实实地走自己的路。我想，正是这种执着地、永不言放弃地、实实在在地做人、做事的风格，才使他走到今天。

守田虽然来自农村，但他没有传承小农经济因循保守的历史遗产，而是观念开放，尊重和吸纳人才。与他接触时间长了，也就更加了解他的内心世界。一次有事打他的手机，听他说话气喘吁吁的，原来他正在爬山，说是每周要爬上一次山。我想，守田爬山恐怕不单纯是锻炼身体，他应该是喜欢那种登高而呼、沐风而立的感觉，这与他的胸怀应是协调的。2003年，我有幸与守田一起去波兰和罗马尼亚考察农村经济，回国后不久，他给我看他写的两篇散文，记载着考察期间的一些花絮，这时我才知道，他除了正经的研究和行政管理工作外，还能在百忙中挤出时间，把自己对生活各个侧面的关注，倾注于笔端，抒情写意，笔走龙蛇。这确实有些出乎我的意料，但细想起来，却又是意料之中的事。只有对自己生活的这片土地和养育自己的人民，能倾注满腔关爱之情的人，才会胸襟开阔、热爱生活之树的每一枝、每一叶，才能在自己热爱的工作中做出成绩。

守田嘱我为他的书写序，我真不知道该说些什么。作为他的同龄人，当年的“下乡知识青年”，为当年的“回乡知识青年”出的书写几句话，似乎是应该的。但板着脸在那儿“假模假式”地点评，我又觉得没意思，因此只是拉拉杂杂地写了我对他的感觉和对他书的感觉。我至今还时不时地回想起我和守田在异国他乡时，和小青年们一起，在宾馆的住所“打平伙”的情景，电茶壶里的水咕嘟咕嘟地开着，大家就着小菜，喝洋酒，泡方便面，饮中国茶，无长幼尊卑之分，谈天说地，胡乱地侃大山，何其快哉！希望以后能再有机会，我们在一起，摆脱繁文缛节，不拘形式，“把酒话桑麻”，畅谈天下事。

谨以这些信手涂鸦写就的文字致贺《培养现代农民》一书的出版，真诚地希望该书在培养中国现代农民的工作中发挥应有的作用。

张晓山

于2004年岁末

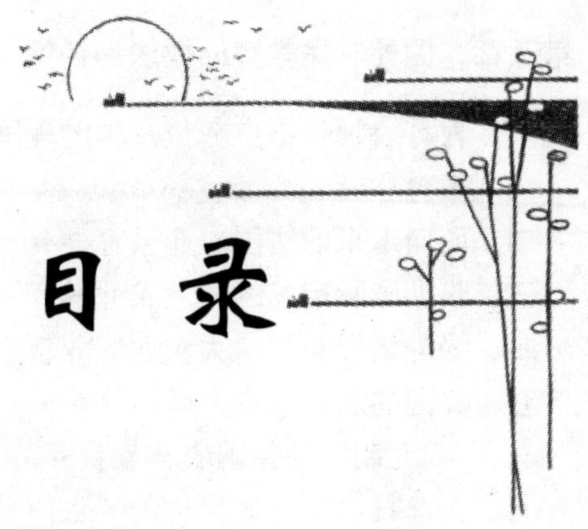

目录

培养现代农民

第一章　跨越障碍的抉择

一、新时期中国农民前进道路上的“三道坎”

当人类社会步入21世纪，世界经济全球化、现代化、信息化发展的趋势进一步明显。中国经济社会的发展也开始进入一个新的历史时期。在刚刚跨进新世纪大门的时候，中国的农民对未来满怀美好的憧憬，新世纪将会给中国的农业、农村、农民的发展带来新的机遇。但他们很快发现，首先需要面对的是在前进路上已经出现的三个世纪性难题，也是新世纪中国农民必须跨过的“三道坎”。

（一）第一道坎：“三农”问题的困扰

中国发生在20世纪70年代末的农村改革，使中国农民的肚子吃饱了，农民的口袋里钱多了，农民的脸上露出了笑容。但是到了90年代，农民的脸上笑容被愁容代替。一愁农产品卖难，二愁农产品落价，三愁不合理负担难以承受。一时间农民收入下降，农村干群关系紧张，城乡差距拉大。许多地方出现“农民真苦，农村真穷，农业真危险”的严峻形势。人们把当前中国出现的农业、农村和农民问题简称“三农”问题。“三农”问题不光是经济问题，也不只是农村的问题，它已经成为困扰我国国民经济发展、影响社会公平与稳定和阻碍实现社会主义现代化目标的社会问题。“三农”问题的成因，主要是我国工业化进程中计划经济体制形成的城乡分割和向工业、向城市的倾斜政策，这是外部原因。如果从农村社会经济系统内部找原因，起核心作用的是农民的综合素质不高。

（二）第二道坎："入世"面临的竞争

2001年12月11日中国正式加入世界贸易组织，成为其第143个成员。中国的成功"入世"，充分表明了中国深化改革和扩大开放的决心和信心。"入世"将加快我国经济融入经济全球化进程，有利地促进我国社会主义市场经济体制的建立和完善。但是"入世"也会给我国经济带来一些冲击，尤其是使我国农业的发展面临严峻挑战。根据《2002年中国农业发展报告》分析，"入世"以后由于我国大宗农产品不具有国际竞争优势，如小麦和玉米的国内价格均高于国际市场价格，因此将面临进口冲击。即使是具有竞争优势的畜产品、水产品和蔬菜等，也会因为承诺取消出口补贴和质量安全水平不高而加大出口难度。此外，根据世界粮农组织公布的数据，2000年我国农产品出口金额已经从1994年的世界排名第6位下降到第11位。与前10位相比，我国主要农产品的生产成本高，质量低。据黄季焜、马恒运的研究，1997—1998年期间，我国小麦的生产成本是美国的1.2倍，是法国的3.7倍，加拿大的2.3倍。再加上我国农业单位生产规模过小，根本无法与上述国家竞争。而农产品的竞争力正是经济全球化时代一国农业生存和发展的基础。

（三）第三道坎："现代化"农民说好不容易

现代化是人类经济社会发展的必然趋势，实际上现代化是由传统的农业社会向工业社会发展的过程。建国五十多年来，国家工业化、城市现代化发展成就辉煌。相比之下，农业与农村的现代化发展明显落后。一方面由于解放前我国农业基础落后，另一方面在国家工业化进程中，农业支援工业付出了极大的代价，影响了自身发展。五十多年来，中国的农民在支援工业和城市建设过程中，也体验了"耕地不用牛，点灯不用油"的现代化成果。

同时农民也懂得了现代化的“牛”不但不吃草不吃料，还使得农民老汉一边靠，成了富余劳动力。而刚刚转移到二、三产业的文化不高的农村劳动力，又很快因为不适应现代化被迫下岗。现代化的实质是生产手段和生产方式的革命，而农村现代化革命的对象就是缺少文化的农民。现代化也是“关于经济、政治和社会制度与结构持续变迁”，多年来在社会经济二元结构条件下，农民更多地成为制度变迁的牺牲品。事实说明，要使我国9亿农民顺利地、体面地跨越农业与农村的现代化门槛不是容易的事情。

农村发展如何跨越这“三道坎”，农民怎样才能在市场竞争中取胜，这是首先需要回答的问题。俗话说商场如战场，知己知彼方能百战百胜。如果我们分析一下，挑战来自何方，竞争对手是谁？就不难发现，新时期我国农业面临的是来自发达国家现代农业的挑战，我国农民的竞争对手是从事现代农业的高素质的外国现代农民。不言而喻，只有加快我国传统农业向现代农业的转化，才是应对挑战和竞争的重要的战略选择。21世纪的中国农民要跨越三大障碍，实现农业与农村的现代化，迫切需要调整农村政策、加大对农业的投入，但是更需要对农民培养教育的投入。农业与农村现代化的核心是农民的现代化。也可以说，把传统农民培养成现代农民是我国农村在新形势下，面对挑战，跨越障碍，实现全面小康社会实施的“希望工程”。

二、传统农业与现代农业

农业是人类社会最古老的产业，起源于石器时代。马克思称农业是人类第一个历史活动。美国学者阿·托夫勒在《第三次浪潮》中提出人类的农业社会开始时间为公元前8000年。据考古文献证明，我国种植业的历史可以上溯到7000年前。如果按照生产力水平划分，农业发展到今天，已经历了原始农业、古代农业、近代农业和现代农业，目前我国农业正处在从近代农业向现代农业发展的时期。但是人们从许多地方可以看到“传统农业”的概念，并把它同“现代农业”对应，这与上面划分的历史时期是什么关系？其中有两点费解：一是“传统”一词与“现代”对应，一个讲方式，一个讲时间，似乎欠妥；二是如果把传统农业看作农业发展时期，那么传统农业到现代农业的过渡时期是什么？为了便于下面的讨论，我们不妨先把传统农业和现代农业的概念弄清楚。

（一）传统农业

“传统”一词，《现代汉语词典》的解释：世代相传、具有特点的社会因素。《经济大辞典》中对“传统农业”的解释是：“传统农业技术”习称。通常指从历史上沿袭下来的耕作方法和农业技术。美国经济学家西奥多·W·舒尔茨说：“完全以农民世代使用的各种生产要素为基础的农业可以称之为传统农业。”因此传统农业可以理解为：是指采用世代相传的生产工具、生产技术以及管理方式为支撑的农业。传统农业的最大特点是生产技术、生产方式的变化非常缓慢。有资料介绍，西欧各国直到公元1850年前后，人们还在使用公元前500年创造的农业技术和工具。中华民族在漫漫7000多年的农耕历史的长河中，植五谷，饲六畜，农桑并举，男耕女织，形成了精耕细作的种植方式。同时发明了物候和农事历法，以及令现代人都不可思议的仍在发挥作用的水利工程。古代的农耕文明是构成我国文明的重要组成部分。但是在古代农业就开始应用的畜力和铁木农具今天还在我国农村大量使用。

如果按照政治经济学的理论方法分析，传统农业的特点可归纳出5点：

1. 劳动工具的简易性。多数工具都是手工制造而成，即使出现一些简单的机械，也是以人力、畜力、自然力为动力。

2. 劳动对象的自然性。土地、种子、种畜没有经过复杂的技术改良。

3. 劳动经营的独立性。除去发生不可抗拒的自然灾害外，基本上是以家庭为单位独立经营。

4. 生产过程的封闭性。虽然可能发生小规模的产品交换，但总体上传统农业的物质、能量的循环基本属于封闭、半封闭状态。

5. 技术交流的直接性。生产技术都是从生产活动中总结的直接经验，技术的传播也是世代相传，言传身教。

基于上述特点，长期以来人们总是把保守、落后、低效与传统农业相联。但近年来开始对传统农业有了新的认识。首先是美国经济学家西奥多·W·舒尔茨的《改造传统农业》中提出传统农业是有效率的均衡状态，改造传统农业的目的是要使之成为“高生产效率的经济部门”。其次是随着人们食品安全意识的增强，有机食品风靡一时，使人们重新发现传统农业的可贵之处。虽然不能说现在农业发展的某些方面是在复古，但是确实是吸收了传统农业技术中的精华。第三是传统农业虽然发展缓慢，但随着近代科学技术的发展，传统农业改造的步伐正在加快。而我国今天的农业则属于传统农业向现代农业转化的过渡时期。

（二）现代农业

传统农业经过近万年的缓慢发展，到了 19 世纪后期，在英、法等一些经济发达国家开始使用农业机械，多种农业科学技术得到推广，商品化经营的农业企业逐步成为农业经营的主要形式。这就是近代农业的形成，也有人说是现代农业的初期，但我认为还是叫近代农业更科学。首先如果没有近代农业，从时间的延续上会形成古代农业到现代农业的断代。其次，从生产力发展过程看也不可能出现跨越，现代农业只能在近代农业的基础上发展起来。

所谓现代农业是指广泛应用现代科学技术、现代工业提供的生产资料和科学管理方法，合理开发、配置、使用要素资源，形成有序的市场，持续发展的社会化农业。大体上指20世纪40年代以来，在经济发达国家和地区出现的新型农业。其基本特征是：一整套建立在现代自然科学基础上的农业科学技术的形成和推广，使农业生产技术由经验转向科学，如在植物学、动物学、遗传学、物理学、化学等科学发展的基础上，育种、栽培、饲养、土壤改良、植物保护等农业科学技术的迅速发展和广泛应用；现代农业机械体系的形成和农业机械的广泛应用，使农业由手工畜力农具生产转变为机械生产；电力、石油等现代能源大量投入到农业生产；电子、生物、遥感等高新技术开始服务农业；农业生产的专业化分工、企业化生产、标准化管理得到广泛应用；农业在追求劳动生产率、土地生产率、农产品商品率的同时开始关注产品质量和环境质量，农业的可持续发展成为努力实现的目标。纵观农业发展的历史，随着科学技术的发展，在古代农业的基础上发展起近代农业，而现代农业的发展也是在近代农业基础上发展起来的，可以预测现代农业的水平还会继续向更高的层次发展。

（三）我国现代农业的发展进程

我国是世界四大文明古国之一，传统农业的文明成果与中国古代文明同样，在世界发展史上曾经发出耀眼的光芒。春秋时代我国农民就开始使用耕牛犁地，今天农民使用的铁犁早在唐朝就已经定型，丝绸可与瓷器同样最早成为享誉世界的国货，《齐民要术》、《民书》、《茶经》等农书堪称世界最早的农业技术著作。发达的农业文明曾经支撑并促进了中国封建社会的繁荣，但是随着工业化的发展，需要大批的农产品作为原料，需要大批的劳动力转移到非农产业。但是传统农业对劳动力的需求很大，剩余产品的输出却不多，无法满足工业迅速发展的需要。正如经济学家西奥多·W·舒尔茨所说的，传统农业不具备迅速稳定增长的能力，出路在于把传统农业改造为现代农业。因此，新中国成立以后，为了迅速“发展经济，保障供给”，党和政府就把实现农业现代化作为我国的奋斗目标。

1. 我国农业现代化已经取得长足发展。农业现代化最早是在第二次世界大战结束后的几个经济发达国家开始的。20 世纪 50 年代，我国农村也开始了农业合作化和农业技术革命的探索，提出了实现农业现代化的奋斗目标。1954 年 9 月，周恩来总理在第一届全国人民代表大会上明确提出了建设现代化农业的目标。1957 年 2 月，毛泽东主席在《关于正确处理人民内部矛盾的问题》中指出：“将我国建设成为一个具有现代工业、现代农业和现代科学文化的社会主义国家”。半个世纪以来，在党和政府的号召下，我国农业现代化已经取得了长足进展。以北京郊区为例，大体经历了三个阶段，初步实现了农业现代化。

(1) 起步阶段，从推广新式农具做起。1955 年政府支持新成立的农业合作社，推广使用双轮双铧犁、马拉播种机、解放式水车等新式农具。

(2) 发展阶段，“四化”保证了农业实现旱涝保收。1958 年开始，在农村广泛实施了机械化、水利化、电气化、化肥化。经过 30 年的努力奋斗，基本实现了“四化”目标，极大改善了农业生产条件，连续多年高产稳产。

(3) 提高阶段，现代农业雏形开始显现。从 1980 年开始，北京农业又提出了向专业化、商品化、现代化发展的新目标，使农业现代化从生产力层面发展到包括生产关系在内的生产方式的变革，使长期计划经济体制下增产不增收的农业，焕发了生机和活力。到 1998 年，北京郊区农业机械化程度达 82.6%，农田灌溉面积比重 94.7%，农业科技在增产中的贡献率 47.6%，非农业所占比重 80.6%，林牧渔业产值比重 49.52%，初中以上农民比重 57.1%。从上述六项指标分析，已达到中国农科院梅方权同志提出的农业现代化初级阶段的指标。

2. 我国农业现代化发展水平与国际发展水平相比，差距仍然很大。农业现代化的发展历史告诉人们，农业现代化的过程，不光是农业自身发展的过程，而且是工业化高度发展，并作用于农业的过程。我国尚处在工业化中期，而且全国发展存在工农、城乡经济二元结构，限制了农业现代化的发展。虽然与过去相比，经济发达地区的农业现代化有了很大发展，但从总体上看不仅与发达国家相比有很大差距，在很多方面甚至与国际平均水平也有不小距离。

(1) 农业机械化水平。1997 年我国拥有农用拖拉机 70.3 万台，是法国的 1/2，日本的 1/3，美国的 1/7；拥有农用收割机 11.4 万台，是美国的 1/6，日本的 1/10。我国每台拖拉机负担的耕地面积为 179.62 公顷，美国为 36.42 公顷，法国为 13.94 公顷，即使是印度每台拖拉机也只负担 116 公顷，而世界平均为 52.45 公顷。在不考虑单机作业效率的情况下，差距就已经很大。

(2) 农业技术水平。根据《我国农科教改革与发展战略研究》报告评价，我国植病生物技术研究，与发达国家相比，至少相差 15 年；畜牧科技水平总体上比发达国家落后 10～15 年；在灌溉区，水的利用率只有 30%～40%，比先进国家低 15～20 个百分点；农业机械化技术方面，机具性能和质量技术水平只相当于 50 年代世界水平。

(3) 经营方式。除去经济发达地区和少数农业企业的生产基地，基本上都是一家一户的小农生产方式。由于现代化的社会化服务体系不健全，农户的农产品剩余不多，我国农业生产的社会化程度与发达国家相差更大。

(4) 农业生产效率。1996—1998 年，我国谷物的单产水平为 4 821 千克/公顷，是印度、巴西的两倍，但是劳动生产率却只有印度的 1/3、巴西的 1/5。如果与美、日、德、英、韩等国相比，我国不仅劳动生产率水平低了 90%，而且谷物的单产水平也低了1/3。

（四）农业现代化发展的内因

如前所述，工业化的高度发展，是加快传统农业向现代农业转化直接的、主要的外部因素。而农民的文化技术素质的提高，则是实现农业现代化的决定性的内部因素。因为不管是工业产品在农业中的广泛应用，还是农业科研成果在生产上的推广，都已超出传统农业经营者所具备的接受能力。如果不相应提高农民的素质，再好的机械也如同一堆废铁，再好的技术也无法应用。美国著名社会学家英格尔斯曾在他的《从传统人到现代人——六个发展中国家的个人变化》中关于人的现代化对于社会现代化的重要性说过："经济学家以人均国民生产总值衡量现代性，政治家以有效的管理制度机构来衡量现代性。我们的意见是：如果在国民之中没有我们确认为现代的那种素质的普遍存在，无论是快速的经济成长还是有效的管理，都不可能发展。"舒尔茨在解释农业生产力的差别时指出，在形成农业生产力的土地、物质资本和农民三大要素中，"土地的差别是最不重要的，物质资本的质的差别是相当重要的，而农民的能力的差别是最重要的。"① 同时国内外大量的事实都说明传统农民无法适应现代农业的需要。因此当今许多已经实现了农业现代化的发达国家，同时也实现了农民的现代化，即培养了一代现代农民。

三、传统农民与现代农民

人是社会的重要组成部分，社会是人的活动的结果，反过来又对人产生重要影响，正如毛泽东主席的一句名言："人们的社会存在决定人们的思想"。农业是人类最早的产业，在漫长的历

---

① ［美］西奥多·W·舒尔茨《改造传统农业》第13页。

史发展过程中，农民的技术水平，决定了生产的性质。反过来农业生产水平又决定了生产经营者的文明程度。所谓传统农民就是依靠传统农业技术，应用传统生产方式经营农业的农民。在向现代农业的发展进程中，要实现生产手段和生产方式的现代化，其核心是农民的现代化，因为利用现代化的生产手段和生产方式是农民。在现代农业生产中，现代技术和现代农业机械的应用，采用现代生产方式经营农业首先要求农民的现代化，要求有一支用现代科学技术武装起来的现代农民。

（一）现代农民与传统农民的区别

农业发展的性质如何，取决于农业生产力水平。现代农业的生产力水平是传统农业无法比拟的。而农民作为农业生产劳动力，又是生产力中最活跃、起决定作用的因素。现代农民与传统农民有着本质的区别。

1. 生产手段不同。现代农业与传统农业的区别，不在于生产什么，而是用什么生产。

在现代农业条件下，农民使用现代化的农业机械，工业化的生产资料，科学研究的农业技术，不仅生产效率大增，而且摆脱了许多自然环境的制约。北京地区的积温条件种一季有余，种两季偏紧。在传统生产条件下农民只能种一茬小麦或玉米，而实现机械作业后，耕、种、收的效率得到提高，抢农时，抓季节，克服了积温不够的矛盾。

2. 生产效率不同。北京郊区 1949 年农民种一亩小麦只能产 31 千克，到 1995 年小麦亩产达到 389 千克。平均每个劳动力生产粮食 1 588 千克，劳均生产率比 1949 年增长 3.2 倍。北京地区的农业生产水平在全国属于领先水平，但比农业发达国家差距不可想像。1999 年，我国每个农业劳动力生产谷物 1.36 吨，而美国为 95.76 吨，加拿大为 100.7 吨，法国为 61.79 吨。劳动生产率是我国的几十倍。

3. 生产目的不同。传统农民处在自给经济条件下，生产的农产品主要是为了满足自己消费，而现代农民是为了出卖产品而生产。这样，首先造成生产过程中的行为方式的差别。传统农民不用考虑别人对产品有什么要求，自己满意就行。而现代农民必须要根据市场需求确定生产品种，什么时间，生产多少，因此提高产品质量，改善服务质量就是农民永远努力的方向，客观上推动生产的发展。这也是传统农业为什么发展缓慢的原因。其次生产经营活动对外部依赖的程度不同。如果把传统农业和现代农业分别看成两个不同的系统，传统农业再生产主要靠内部循环来实现，既没有大量的产品输出，也没有大量的外部投入。因此我们可以把传统农业叫做“小循环农业”。而现代农业则完全相反，离开与外部的物质循环和能量交换，现代农业系统则无法运转。正常运转的现代农业系统是以大进大出的方式与外部保持物质交换关系，我们可以叫它“大循环农业”。由于两种农业运行方式的不同，也就形成传统农民相对封闭，而现代农民则相对开放。

4. 生产者自身素质不同。传统农民使用的生产手段、生产资料比较简单，通过父子、长幼之间的言传身教，再加上身体好有力气，只要愿意干，农民的后代都可以成为合格的“庄稼把式”。受长期自给自足的小农经济的影响，具有浓厚的家族观念和“各扫门前雪”的行为准则。而现代农民要想成功，则首先必须具有现代观念，具有一定的科学文化素质，特别是需要掌握现代农业所必须的专业技术，如农机的操作，农场的经营管理；其次是需要有较强的社会活动能力；第三是不光自己素质高，懂经营会管理，还必须善于合作，热心社会公益事业。

（二）培养现代农民的现实意义和长远意义

培养现代农民，是从传统农民向现代农民转变，是一个不断提高农民现代化素质的过程。目前我国农民文化水平不高，专业知识匮乏，与农业现代化的发展要求很不适应，与世界发达国家农民相比更是相差甚远。提高农民的素质，缩小与发达国家的差距，不仅具有迫切的现实意义，而且具有战略上的长远意义。

1. 培养现代农民的现实意义。首先是增加农民收入的重要途径。“三农”问题是当前举国上下十分关注的问题。“三农”问题的核心是农民问题，农民问题的难点是增收问题。而培养现代农民，提高农民的科技文化素质，是增加农民收入的重要途径。从国内外的大量数据都说明农民教育水平和科技素质与农民收入密切相关。

(1) 从我国的实践经验看，对农民开展教育培训，可以有效地增加农民收入。北京市大兴区通过技术培训，促进农村剩余劳动力的就业，一年安排上万人。每人平均投入培训费 200 元，但一年既可增加收入 6 000 元。

(2) 从对全国的调查结果看，农民收入与文化水平密切相关。有关单位对中国农民大学函授学员的问卷调查中，368 户的抽样调查数据说明，高中户比小学户年人均收入多 333.5 元，高出 1.6 倍；比文盲、半文盲户多 407.4 元，高出 2.9 倍。初中户比小学户年人均收入多 294 元，高出 1.4 倍；比文盲、半文盲户多收入 367.9 元，高出 2.6 倍；小学户比文盲、半文盲户多收入 73.9 元，高出 0.5 倍。

农业部对我国不同区域的农民文化程度与农民人均收入进行调查的结果，进一步说明了农民现有文化水平对收入有直接的影响（详见表 1）。

表 1　我国不同区域农民文化程度与农民人均收入的关系

单位：元/年

区域	全国	东部	中部	西部
小学及小学以下	1 780.16	2 601.45	1 573.94	1 425.32
小学	2 275.38	3 009.17	1 853.75	1 822.75
初中	2 592.43	3 455.16	2 012.81	
高中及高中以上	2 757.78	3 600.89	2 212.04	

(3) 国际上有人对墨西哥和印度个人教育与收入的关系做过分析，结果发现收入高低与接受教育时间的长短有非常密切的关系。对墨西哥 1963 年的数据分析，受教育时间 5 年以下的人，月收入低于 1 000 比索。受教育 6 年的收入可达 1 800 比索，8 年的可达 3 000 比索。11 年的可达 4 000 比索以上。16 年的收入可达 5 000 比索以上。在印度，50 岁左右是一生收入的高峰。呈现文化水平越高，收入增长阶段越长的趋势。没有文化的文盲，40 岁之前就达到收入高峰，但年收入只有 1 000 卢比左右。小学文化的劳动力 45 岁之前达到收入高峰，年收入可达 2 000 卢比。而大学文化的劳动力 55 岁才达到收入高峰，其年收入可达到 5 000卢比。

提高农民的科学文化素质对增加收入的促进作用表现在三点：

首先是可以使农民提高社会认可程度，从而增加就业机会。在劳动力市场上，现在一般都对录用人员的文化水平有专门的要求，文化素质高的可以获得收入丰厚的就业岗位。没有文化的劳动力可能连参加招聘会的资格都没有；具有一定的科学文化素质的农民，可以充分运用媒体，及时获得大量市场信息，发现市场机会，从而可以扩展致富的门路；具有一定的科技素质或通过接受培训，使农民掌握新的种养技术，加快调整农业结构，提高生产效率，达到增加收入的目的。

其次是加快农村劳动力转移的基础。我国农业资源约束和农村劳动力的大量剩余，是农民增收的巨大障碍。土地和水资源不可能增加，只能不断减少。剩下的出路只有转移农村劳动力。而传统农民的低素质又限制了劳动力转移。目前世界上的农业发达国家，经营农业的劳动力一般只占就业劳动力总数的 2%～5%，而我国目前这一比例却达到 50%～60%。要降低我国务农劳动力的比重，就要将农民大批转移到二、三产业。根据目前就业岗位的需求，70%的岗位需要有专业技能，而实际上农村剩余劳动力中是70%的人没有专业技能。要解决上述“两个70%”的矛盾，实现大批转移的目标，应该采取先培训后转移的办法，使大量农村劳动力向二、三产业转移，向城镇转移。

第三是加快农村城镇化的需要。农村城镇化的直接后果是使大批农民变成市民。应当承认，市民不光是生活水平的提高，更重要的是生活方式、思想观念的转变。农民在城市化过程中面临一个市民化过程。就是不只在城市谋生就业、还要实现生活方式、思想观念的现代化。毛主席当初曾经把共产党进北京城比喻是进京赶考。今天农民进城实际也是赶考，如果是成为市民后不尽快实现转变，在城里过不下去返回农村，或者即使不回农村，甘当城市里的贫民，都是没有考及格。据《南方周末》刊登的资料介绍，山东省一位富裕起来的农民企业家，为了回报家乡父老，投资4 000多万元为本村农民每户建了一幢欧式别墅。但是农民住进别墅后仍然保持原来的生活习惯，妇女在门口用搓板洗衣服、在门洞用柴炉烧水，瓜子皮满地扔。生活、就业的封闭性、传统性在顽强地表现着。于是在现代化的大都市就出现“××村”，大人端着饭碗到街上吃，孩子到大街上便溺。因此保证农民顺利转变为市民的重要途径，就是对即将成为城市居民的农民进行城市的就业和生活知识培训。

第四是加快农业结构调整，提高农业效率的需要。在当前大宗农产品供大于求价格低的形势下，全国各地普遍进行了农业结构的调整。传统农业是以粮食种植为主，大多数农民缺乏经济作物的种植经验，对于引进新的生产要素和生产新的产品，一方面感到缺少的是技术，另一方面却感到增加了经营风险的不确定性，因此即使知道种植经济作物能够增加收入也不敢干。在这种情况下，针对农民生产的实际需要开展技术培训，实践证明可以取得理想的效果。我国土地资源十分珍贵，农业的发展、农民的增收不可能走资源型农业的道路，必须走技术密集型的发展道路。没有高素质的现代农民就无法发展技术密集型农业。

第五是应对国际农产品市场竞争和挑战的需要。随着中国加入世贸组织，中国的农产品市场已经面向世界开放，中国农产品必然要面临国际竞争。在农业经济时代，竞争优势体现在占有土地等自然资源的数量和质量。在工业经济时代，竞争的优势体现在劳动力、资本和市场的进入。在未来知识经济时代，发展经济主要靠知识（包括科技知识和技术）和信息的生产、扩散和应用。农产品的市场竞争的背后，实际是科学技术的竞争，是生产者素质的竞争。我国有许多优质的农产品种质资源，但是由于传统的小规模经营的成本高、农药残留高、产品标准化低等原因，在国际市场上缺乏竞争力。培养现代农民，努力提高农民的科技素质，是提高我国农产品国际竞争力的有效途径，也是应对国际竞争的必然选择。

2. 培养现代农民的长远意义。古人讲十年树木百年树人，它的一层意思是说培养人才的艰巨性，另外一层意思也说明培养人才发挥作用的长远性。培养现代农民对改善农村现实状况有现实的意义，但更重要的意义还是表现在改变农业、改变农村、改变农民、从根本上解决“三农”问题的长远意义上。

首先，培养现代农民是发展农村先进生产力的需要。江泽民同志提出我们要做先进生产力的代表。先进生产力就是以现代科学为支柱的生产力。以现代农民为基础的高素质的农村劳动力，是农村先进生产力的最重要的载体。马克思主义政治经济学理论告诉我们，劳动力是一种创造价值的力量，是一种生产价值的源泉。在某种意义上说，农村劳动力的素质高低，可以直接代表农村生产力水平的高低。只有从现在开始，下大力培养具有现代素质的农民，才能代表、才能发展农村先进生产力。

其次，培养现代农民是发展农村先进文化的需要。中国几千年的传统文化在很大程度上是中国传统农民在世代承传。发展农村的先进文化，要在传统文化的基础上，取之精华去其糟粕，同时吸收现代文明成果。这一重任靠传统农民是难以实现的，必须靠用现代科学文化武装的现代农民来实现。农村的先进文化是在继承中国传统文化精华，吸收引进世界先进文化，并植根于农村先进生产力的基础上发展的文化。它以农村经济基础为源泉，又反过来促进经济基础。它依靠现代农民来发展，又可以陶冶现代农民的精神世界。

第三，培养现代农民是促进城乡经济协调发展的需要。中国共产党第十六次代表大会提出“统筹城乡经济社会的健康发展，建设现代农业，发展农村经济，增加农民收入，是全面建设小康社会的重大任务。”传统农业虽然有效率，但是无法迅速增加产量，不能支持工业化的发展。只有建设现代农业，才能加大与市场、与现代工业经济和城市经济的联系。我国作为一个农业大国，农业与农村经济发展水平直接影响整个国民经济的发展。具有高素质的农村劳动力是加快农村经济发展的第一动力。经济学家舒尔茨在他的《人力资本投资》演讲中提出：“人的知识、能力、健康等人力资本的提高对经济增长的贡献远比物质资本、劳动力数量的增长更为重要。”1996 年世界银行发展报告《从计划到市场》中提出：“一支受过良好教育和身体健康的劳动大军，对于实现经济增长是非常重要的”。世界银行的研究显示，劳动力受教育的平均时间增加一年，GDP 就会增加 9%。在各国经济发展进程中，呈现出一个明显规律，就是国民人均教育年限与人均 GDP 呈正相关关系。联合国教科文组织曾对 70 个国家的 1995 年数据进行分析发现，13 个低收入国家（人均 GDP＜785 美元）预期教育年限 6.95 年；中下等收入国家（人均 GDP 785～3 125 美元）预期教育年限 10.73 年；中上等收入国家（人均 GDP3 126～9 655 美元）预期教育年限 11.7 年；高收入国家（人均 GDP＞9 655 美元）预期教育年限 14.34 年。从中可以看到，通过培养现代农民，不仅是繁荣农村经济的保证，也是促进国民经济社会发展，全面实现小康社会建设目标的重要基础。

第四，培养现代农民是改善农民生活质量，提高农民社会经济政治地位，实现农民全面发展的需要。党的十六大把促进人的全面发展作为实现小康社会的目标之一。实现农民的全面发展是我国实现人的全面发展的重点和难点。改革开放以来，农民收入水平有了很大提高。但农民追求的目标不光是口袋鼓，还要头脑里边知识多，不光是吃得有口味，还要活得有品位。这就需要农民在思想道德素质、科学文化素质和身体健康素质上有全面提高。通过培训，可以使富裕起来的农民接受良好的教育，在掌握现代政治文化知识的同时，养成现代生活方式，学会关心社会，参与社会活动，提高与外部交流的技巧和能力。在经济地位提高的基础上，实现社会经济政治地位的全面提高，成为名副其实的社会主义现代化事业的建设者。

第二章　培养现代农民的理论基础

人类发展的历史表明，教育是培养人的最有效的社会活动。教育培训也是培养现代农民的主要途径，这一问题已经在引起人们的重视，不论在农业发达国家和地区还是在发展中国家都已有大量成功的实践经验，而且具有系统的理论基础。我国农民教育理论的基础，包括传统教育理论的精华，马克思主义的人才观和发展观，以及西方现代人力资本理论。

一、我国传统文化中的尊师重教思想

我国传统文化的辉煌，曾经创造了世界一流的农业。据《从文明起源到现代化》一书介绍，早在战国时期，我国农业的粮食亩产已达二石。我国6世纪粟和麦类收获量与播种量之比，最高可达到200∶1。但13世纪的英国仅为3∶1。传统农业下我国的农业生产积累了丰富的实践经验，理论上也有重要发展。创造了农业技术专著的多个第一：公元前460年，范蠡（别号陶朱公）撰写世界上第一部渔业生产技术专著《养鱼经》；战国末期荀况著《蚕赋》；战国时期诸子百家之一的许行著《神农书》；唐代陆羽著世界上第一部茶叶专著《茶经》（陆羽因而被后人尊为茶圣）；南宋韩彦直撰写《橘录》。这些农业技术书籍为我国古代农业教育和传统农业技术的推广起到了重要的推动作用。

（一）我国古代的教育思想

根据大量考古发现和史料记载，我国几千年的文明史就是中国传统教育的历史。伏羲氏教民钻木取火，神农氏教民稼穑，有巢氏教民架屋，嫘祖教民织衣蔽体。传说中黄帝的孙子帝喾（音库）有四妻，其中姜原生弃。弃从小爱好农业生产，并能够根据不同的土壤条件选择不同的栽培技术，达到高产的目的。而且人们按照他的办法去做，也能够获得丰收。因此尧帝命弃为“农师”，后来舜继位，命弃为“后稷”，主管农业。孟子曾说：“后稷教民稼穑，树艺六谷”。这可能是我国历史上最早从事农业教育的官员。我国自古以来就把教育看成是非常重要的事。商朝的傅说是商武丁的老师，他所著《尚书·商书·兑命》是我国教育理论最早的记录，《礼记·学记》中引用其“玉不琢，不成器；人不学，不知道。是故古之王者，建国君民，教学为先。《兑命》曰：‘念终始典于学’其此之谓乎！”。傅说叮嘱武丁“念终始典于学”，是要他在执掌国政时必须念念不忘办学之事。被誉为世界“四大圣人”之一的我国古代著名的教育家、思想家孔子，早在两千多年前就提出了“有教无类”的思想，意思是说任何人都有受教育的权利，而不能有区别。可以说是最早的平民教育理论，与世界教科文组织 2000 年世界教育论坛制定的全民教育的目标有相近的意思。但是在奴隶社会和封建社会，教育是为统治阶级服务的，所以根本无法做到“有教无类”，同时在教育的三大内容德、行、艺中，虽然讲“六艺”，（礼、乐、射、御、书、数）却没有包括农民所需的种、养之艺。

（二）以“唤起民众”为目标的孙中山的教育思想

我国民主革命的先行者孙中山是非常重视教育事业的，主张通过兴办学校，培养人才唤起民众。1922 年，他在广东女子师范学校演讲时说："中国人数四万万，此四万万之人，皆应受教育。"特别是他强调"应以提倡女子教育为最要之事"完全符合现代的教育思想。同时他还主张教育事业要随着革命形势的发展而发展，要适应时代的需要。对我国传统的教育理论是一个重要的批判和发展，对今天发展农村教育都有非常重要的意义。孙中山的教育思想对我国民国时期的地方农民教育是重要的理论指导，从而在全国农村掀起了平民教育事业的高潮。

（三）晏阳初、梁漱溟的平民教育思想

我国民国时期，出现了一批热心投入农民教育的学者，其中最著名的有两位平民教育家，一位是被誉为"世界平民教育之父"的教育家、社会学家晏阳初；另一位是被称为"中国最后的儒"的梁漱溟。他们虽然文化背景不同，但是在主张从教育入手促进乡村建设的思想却完全相同。他们的理论与实践不仅在我国产生了重大影响，而且开辟了世界平民教育的先河。

1. 晏阳初与中华平民教育促进会。晏阳初（1890—1990），四川巴中人。1918 年从美国耶鲁大学毕业后，赴法国参加由美基督教青年会主持的为华工战地服务工作。通过为华工代写家信，深深感到文化知识对平民的重要，并产生毕生献身于平民教育的志向。1920 年回国便主持上海基督教青年会全国协会智育部平民教育工作。1922 年与陶行知、朱其慧、蔡元培等在京发起成立中华平民教育促进会，任总干事。1926 年开始在河北定县进行平民教育和乡村改造实验。先后吸引了 200 多位知识分子，放弃了优厚的待遇，举家迁到定县投身到乡村建设实验工作。20 世纪 30～40 年代，先后开展了定县、衡山、新都三个实验县和华西实验区的平民教育工作。

晏阳初雕塑像

即使是在国难当头的抗战期间，平民教育促进会迁往重庆仍然创办了乡村建设学院，晏阳初任院长。由于他在平民教育和推动社会发展的贡献，1943 年，在美洲高等学术机关举行的哥白尼逝世 400 周年纪念大会上，他作为唯一的亚洲人，与爱因斯坦等人共同获得“现代世界最具革命性贡献的十大伟人”称号。他先后出版了《平民教育论》、《农村运动的使命》和《十年来的中国》等著作。

晏阳初的平民教育理论可以概括为：一个宗旨，即以“除文盲、作新民”为教育宗旨。四大教育，即针对中国农民存在的愚、贫、弱、私四大弱点，提出“以文艺教育治愚、以生计教育救贫、以卫生教育扶弱、以公民教育克私”。三种方式，即社会式、学校式、家庭式三种方式连环进行。提高四力教育的目的是增强“四力”，即培养农民的知识力、生产力、强健力和团结力。最终推进六大整体建设，即主张在农村实现政治、教育、经济、自卫、卫生和礼俗六大整体建设，以此达到强国救国的目标。

2. *梁漱溟的乡村建设理论*。梁漱溟（1893—1988）我国著名的教育家、思想家和社会活动家。他虽然出生在北京紫禁城附近的深宅，但是却认定了改造中国必须从乡村着手，并长期从事乡村建设。他认为，“中国是农村大国，要改造中国必须针对其理论本位，职业分途的特殊社会形态，从乡村着手，以教育为手段来改造社会。”他先后撰写了《乡村建设大意》、《乡村建设理论》等著作。他主张把乡村组织起来，建立乡农学校作为教政合一的机关，向农民进行安分守法的伦理道德教育，达到社会安定的目的；组织乡村自卫团体，以维护治安；在经济上组织农村合作社，以谋取乡村的发达，实现乡村文明，并通过全国乡村建设运动的大联合以期改造中国。他不光有乡村建设的理论和激情，而且勇于实践。1928 年他到广东实践他的乡治，1931 年在山东创办山东乡村建设研究院，并在邹平等县进行乡村建设实验，从四个方面实践乡村建设理论。一是建立政教合一的村学乡学，把针对农民的教育培训作为村学乡学的主要内容；二是开展以推广良种、发展合作流通为具体措施的农业振兴事业；三是以教育为手段培养农民的合作精神，并以“多下教育工夫，少用政治力量，引发乡民之自力”为原则，发展乡村合作运动；四是兴办为农民低费和免费看病的医院，成立妇婴保健会，举办家庭卫生培训班，传播科学卫生知识。乡村建设试验虽然后因日本侵华而被迫中断，但他在发展农村教育，培养农村人才，传授和推广农业技术，进行农村行政组织改革等方面，取得了很多成功的经验。

梁漱溟（1893-1988），原名焕鼎，字寿铭、萧名、漱溟，后以其字行世，广西桂林人。中国现代思想家，现代新儒家的早期代表人物之一。

除上述两位以外，还有一批教育界著名人士创办农民教育实验区。比如黄炎培的中华职业教育新农村改进实验区；俞庆堂、高践四的无锡教育实验区；陶行知创办的晓庆实验乡村师范学校等。70多年前那些“走出象牙塔”的知识分子满怀救国富民的爱国之心，基于民族自觉与文化自觉之上，“跨进泥巴墙”发起的乡村建设运动。由于运动本身没有触及当时社会的根本矛盾，企图走改良主义的道路，有的地方试验就是当时国民政府支持的，再加上日本帝国主义的入侵，使这场轰轰烈烈的乡村建设运动没有实现理想的目标。但是他们创造的乡村建设的理论和精神，却成为宝贵的社会财富流芳于世。

二、马克思主义的教育理论

（一）马克思的“人的全面发展”理论

马克思在19世纪三个最先进国家中的三种主要思潮——德

国古典哲学、英国古典政治经济学以及法国的空想社会主义的基础上，创造了马克思主义。马克思主义是代表无产阶级根本利益的，因此他不光使用著名的劳动价值理论的利剑戳穿了资本主义虚伪的神话，而且提出了无产阶级革命的最终目标——共产主义要实现“人的全面发展”学说。马克思在《资本论》中指出：“要改变一般人的本性，使他获得一定劳动部门的技能和技巧，成为发达的和专门的劳动力，就要有一定的教育和训练，而这就得花费或多或少的商品等价物。劳动力的教育费随着劳动性质的复杂程度而不同。因此，这种教育费——对于普通劳动力来说是微乎其微的——包括在生产劳动力所耗费的价值总和中。”同时马克思在《资本论》中还指出：“未来教育对所有已满一定年龄的儿童来说，就是生产劳动同智育和体育相结合，它不仅是提高社会生产的一种方法，而且是造就全面发展的人的唯一方法。”历史上马克思主义者都主张要让人民群众掌握科学文化知识，才能掌握自己的命运，才能最终摆脱愚昧和贫困，共产主义的目标才能实现。列宁最著名的论断是：“在一个文盲充斥的国家内是不能建成共产主义社会的。”

（二）毛泽东等我党三代领导人的农民教育思想

我党夺取革命胜利靠的是农村包围城市的道路，因此把提高农民的农业知识，开展农业教育看作是革命的重要内容。早在1924年广州举办的农民运动讲习所就设置了农村教育课程。在瑞金中央苏区时期，就成立了中央农业学校，培养农业建设干部和农业技术员。

1. 毛泽东同志的农民文化教育主体论思想。早在主持第六届广州农民运动讲习所期间，就亲自给学员讲授农村教育问题。他指出：“农民问题乃是中国革命的中心问题”，“农村教育是农民问题的一部分”。今后农村教育要适合农民的需要，“适合于农民之经济发展，并使农民得到解放”。1933年《必须注意经济工作》一文中指出："用文化教育工作提高群众的政治和文化水平，这对于发展国民经济同样有极大的重要性。"1945 年他在《论联合政府》中进一步指出："农民—这是现阶段中国文化运动的主要对象。所谓扫除文盲，所谓普及教育，所谓大众文艺，所谓国民卫生，离开了三亿六千万农民，岂非大半成了空话？"新中国成立以后，1950 年 12 月中央人民政府就颁布了《关于开展农民业余教育的指示》，提出："有计划有步骤地开展农民业余教育，提高农民的文化水平，是当前我国文化建设上的重大任务之一。"而特别是在合作化过程中，毛泽东同志曾三次在合作社经验介绍材料上批示，肯定、支持组织农民学习文化，从而进一步推动了农民教育工作。实践证明教育农民的效果非常明显，不论从我党土地革命时期的农民运动讲习所到边区大生产时的识字运动，还是合作化过程中的农村扫盲运动，都为农村发展、农民进步起到重要作用。正是得益于当时的文化学习，使大批农村青年摘掉了文盲帽子，有的成为农村工作的干部，有的被国家招工参加国家工业化建设，有的成为农业拖拉机手，投身到农业现代化建设中。

2. 邓小平同志的教育思想。中国改革开放的总设计师邓小平同志为了实现建设有中国特色的社会主义，十分注意提高广大人民群众的素质，并把这项工作作为我国精神文明建设的中心任务。早在 1958 年，小平同志就提出了教育问题主要是普及与提高的问题，只普及不提高，科学文化不能很快进步；只提高不普及，也不能适应国家各方面的需要。"社会主义建设需要有文化的劳动者，所有劳动者也需要文化"（《邓小平文选》第一卷 280 页）。1977 年他又进一步提出了"教育还是要坚持两条腿走路。就高等教育来说，大专院校是一条腿，各种半工半读的和业余的大学是一条腿"（《邓小平文选》第二卷第 54 页）。1982 年 7 月，邓小平同志在军委座谈会上提出："搞社会主义精神文明，主要是使我们的各族人民都成为有理想、讲道德、有文化、守纪律的人民。"根据邓小平同志的这一思想，党的十二届六中全会通过的《中共中央关于社会主义精神文明建设指导方针的决议》明确提出："社会主义精神文明建设的根本任务，是适应社会主义现代化建设的需要，培育有理想、有道德、有文化、有纪律的社会主义公民，提高整个中华民族的思想道德素质和科学文化素质。"培育"四有"公民的思想，不仅指明了当前社会主义精神文明建设的目标，也为新时期人的全面发展提出了具体标准。关于新时期教育的发展方向，小平同志提出了著名的"三个面向"的思想，这就是1983年为北京景山学校的题词："教育要面向现代化、面向世界、面向未来"。这一指导思想不仅对学校正规教育的发展指明了方向，对于农村成人教育也有非常重要的指导作用。

3. 江泽民同志的教育思想。江泽民同志坚持实施科教兴国的发展战略，多次提出"坚持科学技术是第一生产力，把经济建设真正转移到依靠科技进步和提高劳动者素质的轨道上来。"他把提高劳动者素质的工作提高到关系中华民族长远发展大计来认识。他在1997年9月12日的一篇文章中提出："培养同现代化要求相适应的数以亿计高素质的劳动者和数以千计的专门人才，发挥我国巨大人力资源的优势，关系二十一世纪的社会主义事业的全局。"为了从根本上保证进一步提高劳动者素质，上述思想被作为党的教育方针提出："我们必须全面贯彻党的教育方针，坚持教育为社会主义、为人民服务，坚持教育与生产实践相结合，以提高国民素质为根本宗旨，以培养学生的创新精神和实践能力为重点，努力造就有理想、有道德、有文化、有纪律的，德育、智育、体育、美育等全面发展的社会主义事业建设者和接班人。"对于加强农民的教育培训，提高农民的科学文化素质，江泽民同志给以高度的重视。1999年有关部门组织编写了《中国农民基本常识读本》系列丛书，江泽民同志欣然为该书题写了书名并作序。他在序言中说："要实现党的十五届三中全会提出的我国农业和农村跨世纪发展的宏伟目标，必须大力实施科教兴农的战略。最重要的是通过加强农村的教育和科技推广服务工作，努力提高广大农民的思想道德素质和科学文化素质，努力提高广大农村经济社会发展的科技含量。”这些思想为农村教育工作起到了有力的促进和指导作用。

党的十六大在总结历史经验的基础上，提出全面建设小康社会的目标。具体包括国民经济、社会民主政治、国民素质教育和生态环境可持续发展。促进人的全面发展作为小康社会目标之一提出，在十六大报告中是这样阐述的：“全民族的思想道德素质、科学文化素质和健康素质明显提高，形成比较完善的现代国民教育体系、科技和文化创新体系、全民健身和医疗卫生体系。人民享有接受良好教育的机会，基本普及高中阶段教育，消除文盲。形成全民学习终身学习的学习型社会，促进人的全面发展。”这一目标的确定，是对马克思教育思想的新的发展，为培育我国现代农民提供了坚实的理论基础和政策依据。

三、西方古典政治经济学理论

西方古典政治经济学理论体系的缔造者、英国著名经济学家亚当·斯密（Adam - Smith，1723—1790 年）200 多年前就在其《国民财富的性质和原因的研究》（简称国富论）一书中指出，……所有居民或者社会成员学到的任何一种有用才能，须受教育，须进学校，须做学徒，所费不少。这样费去的资本，好像已经实现并固定在学习者的身上。这些才能，对于他个人自然是财产的一部分，对于他所属的社会，也是财产的一部分。工人增进的熟练程度，可以便利劳动、节省劳动的机器和工具同样看作是社会上固定资本。学习的时候，固然要花一笔费用，但这种费用会得到偿还，而且还带有利润。亚当·斯密的以上论述，提出了两个非常重要的观点，其一是人的劳动技能是通过教育生产的一种资本，其二是这种教育投入不仅能够得到偿还，而且还能有利润。这些观点为后来的现代人力资本理论奠定了基础。

四、西方现代人力资本理论

随着科学技术的迅猛发展，科学技术在世界各国经济发展中的作用愈显突出。而作为科学技术传播应用载体的人才的竞争，早已成为经济竞争的焦点。教育是提高人力资源质量的主要途径，因此人们开始把对教育的投资看成是一种资本的积累，于是产生了一门新的理论，称为人力资本理论。从 20 世纪五六十年代以来，关于人力资本理论的研究已形成高潮，最具代表性的当属美国著名经济学家舒尔茨。

美国经济学家舒尔茨在 1960 年出任美国经济学会会长时发表的就职演说《人力资本投资》，提出了人力资本理论问题，并在这一领域的研究做出了重大贡献，因此他也成为西方经济学界公认的人力资本理论的奠基者和创始人之一。舒尔茨在研究经济增长过程中，发现单纯从自然资源、实物资本和劳动力的角度，不能解释生产力提高的全部原因。特别是他对第二次世界大战后联邦德国、日本在战争的废墟上迅速恢复和发展的分析，对丹麦、瑞士和亚洲“四小龙”等原来基础很差的国家和地区经济腾飞的经验总结，发现这些国家和地区的国民收入的增长比物质资本投入的增长快得多。他认为这是由于在我们已知的经济发展要素外，还有一种重要的生产要素在起作用，这个要素就是人力资本。同时，通过对物质资本和人力资本投资收益率的差别分析，他认为人力资本的较快增长，导致了国民收入中劳动份额的上升和源于财产份额的下降，可使社会各阶级收入“均等化”。从经济发展角度他认为人力是经济发展中最主要的因素，提高劳动力的素质是经济发展的关键。舒尔茨由于在研究人力资本理论等方面的贡献，获得了 1979 年诺贝尔经济学奖。

他认为物质资本是体现在物质产品上的，人力资本是体现在劳动者身上的,包括量和质两个方面。要发展经济,人口质量问题比土地、人口数量更为重要。他在《穷国经济学》一书中提出:“在改善穷人的生活方面,决定性的因素不是国土的大小、能源和耕地,而是提高人口的质量。”人口质量主要是在后天获得的能力,包括知识、技能、文化水平和创新能力等。教育是一种生产性投资。人力资本是通过对人力的投资而形成的资本。人力投资不仅使个人受益,更重要的是社会受益。人力投资的收益率远高于物质资本的收益率。他根据美国人口调查局提供的材料,计算出各级教育投资平均收益率为17.3%。同时得出两个著名的结论:一是教育投资增长的收益在劳动收入增长中的比重是70%;二是教育投资增长的收益在国民收入增长中所起的作用为33%。

人力资本理论可以分为微观理论和宏观理论两个方面。人力资本微观理论研究的是个人支出决策,即人们用各种方法依靠自己的力量来挣钱和花钱,不仅为了现在的享受,而且为了未来的金钱报酬和非金钱报酬。人们的理性选择是:投资于健康,通过保健服务,提高身体健康素质;投资于教育,参加学习和培训,提高科技文化素质和劳动技能。由于这些支出可以取得更高的报酬机会,所以看成是投资而不是消费。人力资本宏观理论是利用总量生产函数来说明人力资本形成的重要作用。人力资本宏观理论认为人力资本对于一个国家,尤其是发展中国家的发展是至关重要的。

五、终身教育理论

中国有句老话:活到老学到老。说明学习和接受教育应当是从出生一直到老的重要活动。

这种思想在西方也是存在的,据说可以追溯到古希腊柏拉图的《理想国》。但是真正形成一种系统的理论,是在20世纪50～60年代的事情。当时法国的教育家、后来成为联合国教科文组织终身教育局局长的保罗·郎格朗,他提出,把人的一生分成两半，前半生用于受教育，后半生用于劳动，是毫无科学根据的，教育应当是每个人从生到死的继续不断的过程。在每个人需要的时刻，应以最好的方式提供必要的知识。1965 年联合国教科文组织国际成人教育推进委员会讨论通过了保罗·郎格朗的“终身教育”提案。最初，终身教育只是作为成人教育和继续教育的新的说法，后来这种教育思想被应用于职业教育和整个教育活动范围。而且不少国家还专门制定了终身教育法。法国于 1971 年制定了“使终身教育成为一项全国性的义务”的法案；美国国会 1976 年通过了《终身学习法》。联合国教科文组织教育研究所，在 1974 年会议上为终身教育制定了五项原则，其中第一条就提出未来的教育改革应以终身教育为基本原则。

终身教育的理念近年来已经开始在我国从中央到地方被更多的人接受。江泽民同志曾经指出：“终身学习是当今社会发展的必然趋势。要逐步建立和完善有利于终身学习的教育制度。”“老年大学”和成人教育在我国的兴起可以说是终身教育最好的例证。

综合上述不同教育理论和教育思想，我们可以对开展农民教育的理论有了比较全面的了解：

1. 我国是一个农民人口占主体的国家，农民问题是中国革命的主要问题，农民教育是农民问题的重要组成部分。

2. 人力是经济发展最主要的因素，提高劳动力素质是经济发展的关键。教育是提高农民素质的主要途径。

3. 农村教育应该继承“有教无类”的思想，使每个农民及其子女都享受到良好教育的权利。

4. 发展农村教育，坚持马克思主义教育思想；坚持为人的全面发展服务，为人的终身服务，为农村经济社会发展服务的思想；坚持教育面向现代化、面向世界、面向未来。

5. 学习借鉴现代人力资本理论，农民教育一方面作为政府的职责必须抓好，加大投入力度，同时作为一种高回报的投资行为，引导农民个人和社会资金投入。

6. 我国的农民教育历来比较重视其政治和社会意义。西方的经济学家则更多地看到教育的经济意义。实际上农民教育的经济、政治和社会的意义是不可分割的，是一个“一石三鸟”的事业。我们要坚持马克思主义教育理论，继承和发扬我国传统教育思想当中的宝贵遗产，在农村教育的实践中探索创新适合我国国情的现代农民教育理论。

第三章　培养现代农民的目标及实现途径

光有农民教育的理论是不够的，还必须明确农民教育的目标是培养现代农民。接下来的问题是达到什么样标准的农民才是现代农民，即先搞好现代农民的目标定位，然后再解决通过什么途径来达到这个目标。

一、培养现代农民的目标

培养现代农民的目的是为了适应农业与农村现代化发展的需要，为了适应我国社会主义现代化建设发展的需要，为了适应世界经济全球化发展趋势中提高我国国际竞争力的需要。因此，我们确定现代农民的培养目标，应该按照邓小平同志提出的那样，面向现代化、面向世界、面向未来，确定总体目标和具体目标。

（一）培养现代农民的总体目标

党的十六大报告在建设小康社会的目标中提出：要实现全民族的思想道德素质、科学文化素质和健康素质明显提高。农民是中华民族的重要组成部分，实现农民的三个素质的提高，是实现全民族三大素质提高的重点和关键。所以，培养现代农民的总体目标应该是：在我国全面建设小康社会总目标的指引下，在积极推进农业与农村现代化的进程中，在抓好物质文明建设的同时，大力加强农村的政治文明建设和精神文明建设，努力提高广大农民的思想道德素质、科学文化素质和健康素质，使之成为与农业农村现代化发展水平相适应的、有理想、有道德、有文化、有纪律的现代农业劳动者。

1. 实现思想道德素质的提高。思想道德素质是一个人在参与社会活动中认识问题、处理问题的思想水平和行为规范的能力。在现代社会发展中一个民族的思想道德素质是关系民族生存发展的关键。具体分析，思想素质包括树立正确的世界观、人生观、价值观和树立建设有中国特色社会主义、最终实现共产主义的崇高理想和信念。道德素质的提高主要体现在模范遵守“爱国守法、明礼诚信、团结友善、勤俭自强、敬业奉献”的基本道德规范，做到爱祖国、爱人民、爱劳动、爱科学、爱社会主义。

2. 实现科学文化素质和生产管理技能的提高。邓小平同志说“科学技术是第一生产力”，劳动力的科学文化素质的提高，是发挥科学技术作用的基础。科学文化素质是指一个人或一个群体成员对科学知识了解掌握的程度和具有的文化知识水平。如果具体到一个人身上，应当包括三个层次的内容：一是对一般科学知识和与自己所从事的行业相关知识的了解掌握程度，例如在国际上，通用的衡量公众对科学术语和概念的了解程度的测量词汇是“分子”、“计算机软件”和“DNA”。1996 年对我国 18 岁至 69 岁成年人群的调查结果显示，不知道“分子”的人达 85%，不知道“计算机软件”的人达到 94%，不知道“DNA”的人达到 91%。这个现象从一个角度说明了我国要加强普及科学知识的必要性。同时，从事农业生产的劳动者，对种植业、养殖业的专业知识要有一定的了解。二是接受教育的年限，或达到某一文化水平的人占成人比例等。受教育年限包括在学校的正规教育以及在校外接受的职业教育和岗位培训等。我国农村劳动力的文化素质相对比较低。2002 年我国农村劳动力中的文盲半文盲占 7.4%，初中及初中以下文化程度的占 87.8%，大中专以上文化程度的仅占 2.5%。而美国农民的平均受教育年限为 10～11 年，日本农民80%以上是高中文化。三是对自己所从事的行业、岗位应具备的知识技能、管理能力的水平。就是要适应现代农业发展的需要。农民是指从事种植业、养殖业的人员。因此应该了解种养业的有关知识，农机具的操作技能和简单的维修、养护知识，经营农业的有关法律法规和管理经验。但是目前我国农村劳动力中受过专业技能培训的只有13.6%。

3. 实现健康素质的提高。人是生产者和消费者的统一。劳动力作为重要的资源，其消费的过程也是人力资源再生产的过程。人们常说身体是革命的本钱，如果再补充一句应该说“健康是人生第一财富”。世界卫生组织对健康的定义：健康，乃是人生在躯体上、精神上和社会上的完满状态，而不仅仅是没有疾病和衰弱的状态。人的健康素质实际是人力资源质量的重要方面。1995年世界银行发展报告《一体化世界中的劳动者》对人力资本的解释是：体现于单个人或一支劳动大军的技能和能力，可部分地通过改善健康和营养，提高教育和培训获得。健康素质是指劳动力资源在心理、生理上保证持续发挥最佳效能的程度。衡量健康素质的指标一般用“预期寿命”来表示。据联合国开发计划署的资料，2003年日本的平均预期寿命为81.5岁，加拿大为79.3岁，美国为77岁。我国平均预期寿命为70.9岁，已达到中等收入国家水平，但与高收入国家相比还有很大差距。

（二）培养现代农民的具体目标

培养现代农民是中国农民全面发展的理想目标，也是中华民族人的现代化的主体任务。经济社会的现代化是靠人去建设的，反过来经济社会的现代化的实现过程，也是人的现代化过程。我们探索现代农民的培养目标，不可能脱离经济社会的发展空谈人的现代化问题。

1. 人的现代化标志。人类社会的现代化是一个世界性的现象，人的现代化问题也是个世界性问题。特别是在经济全球化趋势下尤为明显。美国社会学家、著名的现代化问题专家阿列克斯·英格尔斯（AIex·InKeIes）提出了“现代人”的概念，并通过对发展中国家的现代化过程所做的大量的实地考察和个案分析，概括了现代人的12个特征：

（1）现代人准备和乐于接受他未经历过的新的生活经验、新的思想观念、新的行为方式。

（2）现代人准备和乐于接受社会的变革。

（3）现代人对大量的问题——包括发生在他所处的环境中的问题，也包括发生在他的环境之外的问题——具有形成意见并持有意见的倾向；对意见领域的取向更加灵活，而不固步自封。

（4）现代人不仅仅限于持有自己的意见，而是更积极地获取形成意见的事实和信息。

（5）时间性上现代人面向现在或将来，而不是以过去为取向。同时注重守时，他会更乐于接受作为适宜的、甚至可能是必须的某种事物的固定时间表。

（6）效能感。现代人相信能够学习如何控制他的环境。因此，他向着自己的目标前进，而不会为更有权势的人或自然本身的力量所支配。现代人的效能感表现在他对自己能力的自信上，他可以单独或同其他人合作安排他的生活，能够控制生活带给他的挑战。

（7）计划性。现代人倾向于无论是在公共事物还是在私人生活中都制定长期计划。

（8）可依赖性和信任感。现代人应该对于他的世界是可以依赖的以及他周围的人与机构可予以信赖以实现其义务这两方面有更大的信心。一个现代人比传统人更能信赖一个陌生人。

（9）重视专门技术，并承认以此作为分配报酬的正当基础。

（10）教育与职业的志愿。现代人对正规教育和技能训练（如读、写、算）感兴趣，也给予较高评价；现代人会觉得科学技术通过提供解决人类迫切的问题的方法而有益于人类。他乐于看到他的孩子离开传统所认可的职业，而去从事新的现代职业。

(11) 了解并尊重别人的尊严的品质。现代人对尊严的尊重远比传统社会更加普遍。现代人对弱小的人和地位低下的人的自尊给予更多的保护。

(12) 了解生产过程，期望发挥自己的作用与价值。

除了英格尔斯提出现代人的模式外，还有许多社会学家和其他研究学者对现代人的模式进行了研究。美国人本主义心理学家罗杰斯认为未来的“新人”应具有：开放的态度、真诚的品质、对科学和技术的怀疑态度、对完整性的渴求、对亲密关系的需求、对生活不断变化的敏锐意识、热诚待人的关怀之心、对大自然的亲切感和关怀感、反对因循守旧、信赖自己的内在权威、不看重物质利益、对精神生活的渴望等特征。

我国学者武斌在其研究中国人现代化的专著《现代中国人——从过去走向未来》中提出了“现代中国人”的 6 条标准：

(1)“中国现代人”是对中国现代化的社会文化变迁有深刻感知的人。

(2)“中国现代人”应该具有开放的心理结构，以积极开放的态度对待生活经验，对于外部世界的变迁始终保持一种新鲜感；他们以开放的态度对待外来文化，具有深厚的“国际感”和“世界意识”，具有兼容世界一切先进文明的气魄和胸怀。

(3)“中国现代人”具有积极的主体意识，不是像“传统人”那样以世代相袭的行为规范为指导，而是把一切建立在自己的理性思考的基础上，进行独立的判断和选择。

(4) 以人道主义为核心和以个人全面发展为目标的新的伦理精神。个人不是简单的履行道德义务，而是独立地提出和实现道德目的，确立和追求道德价值。个人的全面发展和价值实现受到肯定和尊重。

(5) 应该具有用现代科学知识装备起来的新型的思考方式和广阔的视野。

(6) 在人格上是健康的、和谐的、全面发展的。

2. 中国农民的现代化。中国13亿人，其中有9亿是农民。要实现中国人的现代化的目标，重点和难点是实现农民的现代化。根据国际上发达国家所走过的道路，中国农民的现代化的目标不可能是培养成为9亿现代农民，因为其中有绝大部分农民要变成市民。所以培养现代农民首先是要把大部分农民培养成新市民和非农业生产者。但是应该说，像中国这样的国家，任何时期都要有农民。因此要下力量建设一支现代化的农民队伍。

按照培养现代农民的总目标，参考中外学者关于现代人的标准，培养现代农民要在以下八个方面体现：

(1) 热爱祖国，热爱家乡。热心关注和积极参与我国社会主义现代化建设事业。要发扬我国传统文化中“国家兴亡，匹夫有责”的精神，又要树立现代社会现代化事业建设者应该具有的事业心和责任感。自觉遵纪守法，认真履行公民义务。

(2) 具有致力于农业与农村现代化建设的理想和信念。现代农民与传统农民最大的区别就在于勇于改变落后的现状。不再把农民看成是一种身份，而现代农民是一种职业社会。

(3) 具有好学上进，求知若渴的品质，崇尚科学，反对迷信。了解农业与农村发展中最新的科技知识，具有较高的文化水平，掌握农业生产经营中常用的知识和技能。

(4) 一方面具有丰富的农业生产经营经验，但同时也乐于接受新的生产经营方式，并敢于率先从自己开始应用。

(5) 既具有独立进行生产经营的能力，又能够为了扩大经营规模，提高整体经济效益，乐于与别人合作。热心参与本地的农民合作事业。

(6) 具有健康向上的、友善豁达的心态，科学卫生的生活习惯，健康强壮的体魄。

(7) 所从事的农产品生产活动，善于利用社会化服务组织，善于采用现代化的市场手段。

(8) 关心家乡的建设和发展，但只要有利于自身事业的发展，也乐于迁徙到新的地方发展。包括到城市里，甚至到国外去创业。

由于目前我国农业尚处在从传统农业向现代农业的过渡时期，而且“新社会构造，自然非一朝一夕所能奏功，‘人’的改造，尤非一蹴可及”（晏阳初《10年来的中国乡村建设》）。我国农民目前也是处在从传统农民向现代农民的过渡时期。上述目标不是哪个早上就能实现的。但是要从现在做起，采取措施，加快这个过渡的进程，是目前政府和社会各界的共同任务。

二、我国农民素质的现状

（一）我国农民的特点

“农民”这一概念，在国际上的通常解释应该是从事农业生产经营的人员。但是由于长期受计划经济和城乡二元结构的影响，我国的“农民”与国外的“农民”有着明显特点：

1. 农民不单是职业的概念，而是职业和身份的综合。它表示了居住在农村从事农业和被登记为农村居民户口的我国最大的人群。虽然有些农民已经从事工商服务等二、三产业，但是只要没有经过国家正式招工，“农民”的身份是无法改变的。因此我们在讨论农民素质时，对象还是户籍管理上被登记为“农业户”的人。

2. 农民思想观念的两重性。我国几千年的文明史，光辉灿烂的文明成果对世界文明进步起到了重要的推动作用。但是由于封建统治阶级的腐败，闭关锁国，使我国错过了工业革命的机遇。同时我国传统的封建文化和农业文化被原封不动地承传到20世纪。所以在我国，特别是在农村，对人们思想观念影响最大的是民族的传统文化。但是也应该看到，新中国成立以来，随着工业化进程的加快，城乡交流、中外交流日趋频繁，农民开始面对农业社会文化与工业社会文化、乡村文化和城市文化、东方文化和西方文化的共同影响，使我国农民的思想观念呈现出明显的二重性。在改革开放的新形势下，农民已经接受和形成了许多新的观念，不少人离开家乡和父母双亲到他乡甚至异国闯市场，但有时传统观念的作用还能表现出来。如在市场经济活动中，既希望得到更高的利益，又不愿意承担必要的责任。有的农民企业家事业发展很大，但是办事重感情轻契约。在政治生活中既希望村官公正廉明，又在选举中带有明显的家族观念。这些都是二重性的表现。

（二）我国农民素质的现状

1. 农民素质的概念。什么是素质？素质是指人通过参加社会经济活动，受知识、技能、个性、态度、价值观和内驱力综合作用而反映出来的能力、资质和才干等。对素质问题的研究国际上从20世纪70年代才开始。最早是从美国著名心理学和管理学专家麦克莱兰帮助政府甄选外交官开始的。后来美国HAY公司提出了关于素质的冰山模型。这个模型说明人的素质结构就像浮在大海上的一座冰山。冰山露出海面的部分，是一个人的行为、知识技能等一些外在的可观察的特征。除此之外，素质还包括冰山处于水面以下的部分，即一个人的价值观、态度、自我形象、个人品质、内驱力和社会动机等。而且决定一个人是否取得成功，并不是取决于外在形象，而是取决于水面之下的潜在的个人特征。

国际劳工组织1988年9月在我国贵阳召开的“亚洲人力资源开发中国网、中国人力资源开发研究中心成立大会”上，对人力资源所包含的素质归纳为四个方面：一是身体素质：包括6个衡量标准，①身体体质；②营养状况；③精神状态；④忍耐力；⑤抗病力；⑥对自然环境和社会环境的适应力；二是文化素质：是指一个人受教育的程度及文化知识修养；三是技能能力素质：

指一个人的专业技术和能力。包括三个层次，①一般能力，基本的认知能力和基本的操作能力。②特殊能力，专门领域内的专门能力。③创造能力，包括创造思维能力和创造实践能力。四是思想道德素质。是指一个人的思想意识和道德观念。其结构包括三个层次，政治思想品德、职业品德和一般品德。

2. *农民文化素质差异明显*。农民的文化素质普遍有了很大提高，但行业之间、地区之间和个体之间的差异比较明显，与发达国家相比仍有很大差距。新中国成立以来，特别是改革开放以来，农村教育事业发展很快，农民的文化素质得到提高。据《中国农村统计年鉴》的数据，1985 年我国农村劳动力中文盲、半文盲的比重仍为 27.87%，初中以上文化的只有 34%。到了 2000 年，文盲、半文盲的比重已经下降到 8.09%，而初中以上文化的劳动力已经达到 57.8%。但是我国东、中、西地区之间劳动力的文化素质差别很大。文盲和半文盲的劳动力比重三地分别为 7%、9%、10%；而初中文化水平的比重则分别为 50%、43%和 33%。从不同就业劳动力的文化素质分析，乡镇企业职工的文化素质明显高于整体水平。1997 年在我国 5 000 多万乡镇企业职工中，具有高中文化的已经达到 23.8%，而我国农村劳动力总体当中，具有高中文化的仅占 9%。

我国农民的整体素质有了很大提高，但是近年来农村劳动力由于分工带来的分化，农民个体之间素质差别很大。农民不再是代表保守的一种概念，而是成为分化最快的一个社会阶层。随着经济的发展，社会的进步和农民素质的提高，农民之间在收入水平、经营能力、思想观念和政治地位等多方面暴露出鲜明的差距。在同一个村，有的户年收入几百万元，有的户却只有几千元。根据 1998 年全国固定观察农户的数据分析，10%高收入户所得收入已经相当于 10%低收入户的 20.4 倍。有的已经经商做了大老板，有的却仍然在家守着“一亩三分地”。中国社会科学院的社会学家陆学艺教授在他主编的《当代中国社会阶层研究报告》中，把农民划分为8个阶层：农业劳动者、农民工、雇工、农村知识分子、个体劳动者个体工商户、私营企业主、乡镇企业管理者和农村管理者。但该划分各阶层之间的界限有些不清，有逻辑交叉问题，实际上可以更直接更简洁地划分成为五大阶层，这五大阶层是：①农村干部。包括乡村两级具有农民身份的干部；②农村社区服务管理人员。如乡村医生、民办教师和由村里支付报酬的电工、农机手等；③农村种养大户和农村私营企业主；④乡镇企业职工、农民工；⑤一般从事种养业的农民。

3. 农民科技素质整体不高。新中国成立以来，尽管农村中出现了不少大学生，我国也设立了不少农业院校，但实际上农业院校的毕业生很少回到农村，即使在县、乡当农业技术员，流失也非常严重。建国以来，我国农业院校培养了130万大中专毕业生，目前已经有80多万人离开了农业，只有40多万人留在农业系统，而真正在农业第一线的只有15万人。我国每个乡镇目前平均只有0.6名农业技术员，每万亩耕地只有2名技术员，7 000头牲畜只有1名技术员。农民中经过专业技术教育的非常少，经营土地的农民基本情况是年龄大、文化低、妇女多、男人少，被人戏称“38（妇女）61（儿童）70（老人）部队”。

4. 我国农民的思想道德素质整体有所提高，但传统文化的负面影响仍不容忽视。我国的传统文化属于大陆民族文化、农业社会的文化和宗法制度的文化。所谓大陆文化是相对于海岛国家来说的，我国农民心理比较内向，农村文化发展相对缓慢和封闭；所谓农业文化，就是相对于工业社会来说的，我国几千年的小农生产方式，使得生产力水平低下。在天灾人祸风险面前十分脆弱的小农经济的影响下，农民胆小怕事，思想观念因循守旧；所谓宗法制度，就是相对于印度等种姓制度来说的，我国农村以血缘为基础的社会关系，宗族制度占统治地位。

我国传统文化的影响，在城市和经济发达的沿海地区已经不是很明显。但是在广大内陆农村的影响仍不容忽视。新中国成立以来，党和国家十分重视农村的思想政治工作，打击和扫除农村封建迷信活动，开展各种宣传科学知识和爱党爱国教育，使农民既继承了中华民族善良、勤劳、勤俭的光荣美德，又不断树立崇尚科学的意识，已经初步摆脱了旧中国农民愚、贫、私、弱的状况。特别是我国改革开放以来党的方针政策深入人心，市场竞争意识、民主意识和依法经营的意识都有了明显提高。但是也应当看到，在相当一些地方由于集体主义教育与集体经济同时消亡，而能够凝聚人心、保护农民利益的新的制度和组织又没有出现，一家一户的小规模经营（2000 年我国人均耕地只有 0.08 公顷，1952 年被称为小农经济时人均耕地曾经达到 0.18 公顷。《农村社会学》刘豪兴 2004），“小富即安”、自私自利思想和“气人有，笑人无”的小农意识不仅仍然严重存在。在一些经济落后的偏远地区和农村基层组织薄弱的地方，封建迷信、家族观念抬头，重男轻女等封建落后的思想残余更是已经严重影响了农民思想道德素质的提高。

5. *我国农民的健康素质明显提高，但农村医疗卫生事业面临的新问题不容忽视*。由于我国农村医疗卫生事业的发展，特别是原来严重危害农民身体健康的流行性传染病和地方病得到有效控制，使农民的健康素质明显提高。我国农民占国民总数的 70%，国民健康素质的提高可以体现出农民健康状况。我国人均寿命比解放前提高一倍，1949 年我国人均寿命只有 35 岁，而到 2003 年我国平均预期寿命已经达到 70.9 岁。但是也应当看到在我国农村地区医疗卫生体系亟待加强，曾经被世界银行和世界卫生组织誉为“发展中国家解决卫生经费的惟一范例”的合作医疗制度，由于农村经济体制的改革，多数地方已经自行废止，农村缺医少药的状况重新出现，艾滋病、“非典”等新的疫病正在对农民的身体健康造成新的威胁。目前，中央已经在全国重新开展农村医疗卫生体系建设，开始进行农村新型合作医疗的试点工作，但是由于农村经济体制的变化，将会面临很多困难。

三、培养现代农民的途径

农民的现代化过程与农业和农村的现代化过程是相辅相成的关系。农民的现代化素质提高了，可以促进农业、农村现代化进程；农业和农村现代化水平提高了，可以促进农民现代化素质的提高。因此农民的自身发展取决于两个方面，一是主观需求，为了适应社会发展要求提高自身素质。二是客观促进，在社会科技进步的发展环境下，被动地提高了人的自身素质。

实现从传统农民向现代农民的转变，必须通过四个途径：

（一）大力发展农村教育，提高农民的科学文化素质

农村教育是指在农村地区举办的、以农村人口为对象的、为农村经济社会发展服务的各类教育形式的总称。分为基础教育、农业职业教育和农民成人教育。农村教育的总的发展方向是“一个”目标，“两腿”走路，“三教”统筹。即核心目标是为农村发展的需要服务，采取正规教育与成人教育两条腿走路，实现基础教育、职业教育和成人教育统筹发展。

1. 基础教育是指从小学到初中阶段，我国已经基本实现了这一阶段的义务教育。随着农村教育的加强，会不断提高农村义务教育年限，扩大覆盖的人群，为提高未来农民的素质将起到基础作用。但是由于各种原因，有些农村儿童没有机会接受义务教育，提前进入了社会，成为新的文盲。因此，首先农村基础教育应针对这些辍学生制定返回课堂的计划，使他们经过短期的补习，按照实际文化水平重新进入相应的正规教育行列，给他们第二次接受基础教育的机会。其次是教育搭车收费，义务教育不落实，造成家庭经济困难的学生上不起学。

2. 农业职业技术教育是为农村培养专业技术和管理人才的

正规教育。现在的生源主要是初、高中毕业生，将来可以扩大到农村的青年农民。农村青年通过参加农村成人教育，经过考试合格，可以参加中、高等职业院校的学习。同时应该制定专门的政策，鼓励农民参加正规的农业职业教育。把农业职业教育办成农村非正规教育与正规教育的接口。

3. 农村的成人教育是紧密联系农民生产生活实际需求而开展的农民非正规教育。可以分为扫盲教育和继续教育。扫盲教育的重点已经由文化性扫盲向功能性扫盲转变。所谓功能性文盲就是现代社会生活中成人缺乏应知应会知识。如家电和农机的使用、种养业基本知识、健康保健常识、基本法律知识和交通安全知识等，可以说是新时期对农民的基础教育。功能性扫盲可以与农村科学技术推广紧密结合。农民的成人继续教育应该面向农民的脱贫致富、面向农民的转岗就业，面向农民的创业发展、面向农民的全面发展。"四个面向"不能是笼统而论，应根据不同地区、不同就业人群的不同的具体教育需求实施。

北京郊区农村成人网络技术培训基地培训现场

（二）加强农村科学技术的普及推广，提高农民的科技素质和生产经营的技能

农村科学技术的普及推广工作既是各级政府为实现农村发展目标所采取的必要手段，也是提高农民科学素质的重要途径。其特点是：

1. 涉及面广。首先是推广的主体可以多层次多部门的合作。如推广安全农产品生产技术可能涉及到农业部、科技部、财政部和卫生部等部门，需要组成联合领导小组齐抓共管。省、市、区县也应组成专门的落实班子。其次是技术推广的受体也会涉及所有农产品生产者。

2. 针对性强。技术的推广主要是针对从事某项具体生产的新技术或推广某个新的品种，再有是为了解决生产生活中存在的问题而采取的专门的措施。

3. 形式多样。为了达到推而广之的目的，可以采取灵活多样的形式和宣传的载体。主要的形式有课堂面授、媒体宣传、典型示范等。

4. 效果明显。由于上述特点，决定了科学技术推广只要坚持科学实用选择好推广的项目，一般效果是非常明显的，很快就会对农村的发展产生推动作用。

（三）加大对农村的健康医疗体系建设的投入，提高农民的健康素质

与农村教育存在的问题相同，农村的卫生资源也是非常贫乏的。从某种意义上说，是农民享有医疗健康的权利被剥夺了。在我国，农民的生老病死，还被看成是农民个人的私事，政府为农村提供医疗保障还没有纳入公共产品的范畴。在这种现状下，当前我国要提高农民健康素质的措施重点在三个方面：

1. 加大对农村地区的医疗卫生事业的投入，改善农民的医

疗保健的条件。除去改善农村环境卫生，完善农村医疗设施等硬件设施外，还要建立完善的农村新型合作医疗制度和医疗救助制度，使农民既有地方去看病，又有能力去看病。

2. 加强农村地区的卫生防疫体系建设，坚决贯彻预防为主的方针。由于卫生防疫属于具有社会效益明显、缺乏竞争力的公共物品，因此要由政府投入。农村各级卫生防疫站的建设要加强，人员素质、工作设施和手段、防疫经费要能够适应现在农村防疫任务的需要。

3. 提高农民饮食健康意识和增加预防疾病的知识。“病从口入”真实地说明了饮食和健康的关系。我国目前正处在经济起飞阶段，大多数农民的生活水平在几年内由吃饱到吃好，但是吃得不科学，错误地把大鱼大肉、好酒好烟作为生活富足的标志，结果不少人吃出一身“富贵病”。如何吃出健康，也是一门科学，要让农民，特别是要使家庭主妇和年轻的母亲提高健康饮食方面的知识。

（四）加强农村精神文明和政治文明建设，努力提高农民的思想道德素质

思想道德素质在一个人的综合素质中处于灵魂和支配地位。如果把一个人比作一辆汽车，科学文化素质和身体健康素质好比是发动机和车身，思想道德素质就是方向盘。中国的传统农业经济形态和传统文化是形成我国农民传统观念和农民道德规范的基础。以家庭小规模经营为基础的小农经济是我国农业社会的主要经济形态。农民在经济上的最大希望就是吃穿不愁，“三十亩地一头牛，老婆孩子热炕头”是我国北方地区小农经济的真实写照。以大陆民族文化、农业社会文化和宗法制度文化为特征的中国传统文化，形成了我国农民既有吃苦耐劳、纯朴善良、尊老爱幼的美德，也存在保守、封闭、自私、迷信的弱点。针对这些特点，加强农村精神文明和政治文明建设，是提高农民思想道德素

质的有效途径。

加强农村精神文明建设和政治文明建设，就是要继承和发扬中华民族传统美德，破除传统文化中腐朽落后思想的影响，培养农民树立“爱祖国、爱人民、爱劳动、爱科学、爱社会主义”的社会主义道德，通过开展多种形式的文明创建活动，宣传、学习和倡导中央提出的社会公德、职业道德和家庭美德，使我国农民成为有理想、讲道德、有文化、守纪律的现代农民。

当前农村的精神文明建设的重点，应该紧密结合农村经济、政治生活的实际，引导和指导农民实现三个提高：一是加强对党和国家政策法律法规的学习，提高农民守法经营、依法维权和社会参与、民主监督的能力；二是通过学习科学知识和唯物主义的世界观，提高农民克服封建迷信的能力和崇尚现代文明的意识；三是通过组织农民兴办经济合作社和农村社区公益事业，提高农民的合作意识和树立集体主义思想。

第四章　国外农民教育的做法和经验

回顾世界工业发达国家的近代发展历史，几乎都经历了一个工业革命发展损害农业发展的阶段。但是后来，几乎所有的已经实现了工业化的国家和地区，农业的现代化程度都是比较高的。发生这一转变的原因，除去工业产品大量被应用到农业以外，其中一个很重要的原因是培养了新一代的现代农民。广大发展中国家吸取了工业化国家的经验教训，在谋求经济发展的同时，投资于教育，把提高包括农民在内的国民素质作为经济发展的动力。从而尽量避免了对农业的损害而使农业实现现代化。从我国的国情出发，学习和借鉴发达国家和发展中国家培养现代农民的做法和经验，对加快我国农业现代化的步伐有着重要的现实意义。

一、教育、科研、推广三位一体的美国农业教育

美国幅员辽阔，农业资源丰富，再加上建立了有效完善的教育科研推广体系，使美国成为当今世界上农产品第一大出口国。近年来，凡是到美国学习考察的农业工作者，无不对美国“三位一体”的农业教育科研推广体系留下深刻的印象。早在100多年以前，美国就开始发展现代农业教育，建立并不断完善了农业教育、科研和推广三位一体的农业科技体系。

（一）《赠地学院法》和农学院系统的建立

1862年，美国国会通过《赠地学院法》，即莫里尔法。该项

法律规定，联邦政府根据各州在联邦议会中的议员人数，按照每个议员3万英亩的标准从联邦政府获取公有土地，但在一个州内认领的公有土地总数不得超过100万英亩。各州政府利用出卖公有土地所得的款项，建立和支持至少一所设有农业和机械系科的农学院或大学。美国共建立赠地学院56所，它的主要任务是进行农业科学和农业机械的教学和研究。1890年美国国会通过了第二部支持办好赠地学院的法律，该法律还专门规定为黑人创办赠地学院。这部法律的实施，使16个州建立了黑人赠地学院。在抓好正规教育的同时，美国十分重视农民成人培训。早在1897年，康乃尔大学就制定了一项由州政府赞助的培训农民计划。由于农业教育体系建立较早，美国农村的义务教育制度和农业职业教育已经得到普及，农民的科学文化素质已经达到较高水平。据美国农业部的研究报告介绍，到1985年，美国86.6%的农民受教育年限达到12年以上。

（二）美国的农业实验站系统

以《赠地学院法》为法律依据，1866年国会众议院农业委员会主席海琪提出了一个新的法案，经众、参两院通过后，1887年3月2日经克利夫兰总统签署成为法律。该法律的全称为《关于建立与根据1862年7月2日通过的法律及其补充法令诸条款而设立的学院相结合的农业实验站的法案》。根据该法设立的农业实验站自然成为赠地学院的下属机构。法律同时在5个方面对农业试验站做了规定：第一建立试验站的目的，是为了更好地获取并向公众传播与农业有关的实用信息，促进农业科学技术的研究和实验；第二是实验站的目标和责任，包括进行基础研究或就动植物原理进行试验、研究动植物疾病及其防治方法等10项；第三是规范试验站与农业局（部）长的关系，规定农业局长（后改为部长）有义务为研究和试验结果提供统一登记表格，随时指出他认为重要的研究方向，并提供咨询意见和帮助。各试验站应在每年2月1日前向州长提交详尽的工作报告，并分送农业部长、财政部长和其他农业试验站；第四规定农业试验站至少每3个月发表一次研究工作的进展情况，并以试验站所允许的方式满足任何农场主或其他农业工作者的参阅要求；第五是试验站的经费保障，国会每年从出售公有土地的收入列支。早在1857年美国康涅狄格州就成立了农业实验站，目前各州都已经至少有一个农业实验站。为了加大农业基础技术研究，根据1938年农业调整法的规定，又在各州实验站的基础上建立了隶属于农业部的4个农业科研地区中心。农业地区科研中心以农业技术的基础研究为主，同时承担40%的农业公共技术研究。农业实验站系统的经费由政府拨款资助。

（三）农业推广体系的建立

1914年，美国国会颁布《史密斯－利弗农业推广法》。该法规定，在联邦成立农业推广局，由各级政府提供经费在各州建立农业技术推广系统，各州的推广站通常设在农学院里，农学院的院长兼任站长。农学院设有专门的推广委员会，每个推广委员会成员在承担农业教育、科研的同时，兼任推广员。相应在县级也设立农业推广站。联邦农业技术推广局、州农业推广站和县农业推广站三个层次密切结合，联邦农业推广局负责全国农业推广的宏观管理与协调。州技术推广站是推广体系的核心，负责组织农业教学与培训，针对各州农业的需要开展科学研究，并把最新的技术传授给农民。县级推广站负责对农民应用新技术的具体指导，帮助农民解决生产经营中的实际问题。农业推广员的工作要求他们必须具有较高的素质。现在美国州一级的推广员都是专家型人才，一般具有博士学位，县一级的推广员都是多能型人才，一般具有硕士学位。同时构成农业推广体系的还包括家政组织和学生组织。推广站把农村成年男子组织起来学习农业知识，家政组织把农村成年妇女组织起来学习料理家务，学生组织与学校相结合，组织 10～18 岁青少年学习农业知识。

美国的农业教育除去与科研、推广紧密结合以外还有以下几个鲜明特点：①农业高等职业教育与社区发展紧密融合。美国的学校普遍实行董事会领导，董事会由社区内不同阶层、不同行业人员组成。学校在董事会的领导下有很大的办学自主权。②实践教学，突出能力教育。美国的教育方式是启发引导式，教师十分重视培养学生勤于思考，勇于创新的精神，教材由学生根据需要自己购买，老师则使用从实际生产经营中收集的活教材。为了培养学生提高实践能力，从一年级开始实践活动。如在屈柯加州州立大学，一年级学生每人分一块 10 多平方米的菜田，根据课程进度种植蔬菜，老师根据蔬菜长势评定成绩。到了三年级每人要分一英亩土地，由学生负责播种、管理、收获全过程，根据经济效益评定成绩。③实行学分制，沟通普通教育、职业教育和成人教育。学生可以根据社会需要、市场需求、个人爱好选择课程。普通教育、职业教育和成人教育是相互贯通的，学生参加完政府确立的有学分的课程学习，考核合格都会获得相应的学分，达到一定学分就可以取得证书或学位。

二、面向未来的法国农业教育

法国是世界上仅次于美国的世界上第二大农产品出口国。全国土地面积 55 万平方公里，其中农业用地占 80%。农业的产量、产值位居欧洲之首。法国农业已经实现了传统农业向现代农业的转变。所有这些成绩的取得，用法国农业部长的话说，就是“依赖于农业生产者知识与技术的经常更新”。法国的农业教育有比较悠久的历史，早在 1848 年开始在图鲁兹建立第一所农业技术学校，发展到现在，已经有 925 所农业院校，在校学生 17.4 万人。其中公立学校 236 所，在校学生 7 万人。私立学校 689 所，在校学生 10.4 万人。此外，每年还有 10 多万农民接受职业培训，占法国农业生产者的13%。

（一）法国农业教育体系的三大组成部分

1. 中等农业职业技术教育。其任务是培养具有独立经营能力的农业经营者和具有农业专门技术的农业工人。在中等农业职业技术学校毕业的学生，可以就业，也可以继续升学。承担中等农业职业教育任务的有两类学校，一种是农业职业高中，另一种是农业技术高中。农业职业高中可以接收初中毕业生，学习两年毕业可获得农业职业能力证书或农业职业学习证书。能力证书偏重具体的职业技能，主要培养农业企业中可以从事技术岗位的工人，如农机驾驶员等。学习证书学习的内容较为广泛，便于毕业生在农业或与农业相关行业的就业，也利于毕业生进入技术高中继续学习。获得农业职业学习证书的毕业生还可以继续在农业职业高中开设的会考文凭课程再学习两年。毕业生可以就业，也可以继续接受相关专业的农业高级技术员证书或普通高级技术员证书的高等教育；农业技术高中主要是面对接受过10年义务教育的学生，经过两年的学习毕业后获得农业技术员证书，可以就业，也可以继续就读高级农业技术员证书课程。目前农业技术高中的主要专业有10个，包括种植管理、畜牧管理、水产养殖、园艺、葡萄种植与制酒、食品化验、环境保护、野生动物管理、农业机械、动物化验技术等。农业技术高中也开设会考文凭课程，接受义务教育结业的学生，再学习两年，目的是为参加高等技术教育做准备。除去学校正规学习以外，中等农业职业技术教育还可以通过职业培训来完成。完成10年义务教育的学生，再参加两年职业培训（三分之二的时间在农场实习，三分之一的时间参加农业培训学习）毕业后获得农业职业能力证书，也可以获得农业职业学习证书，甚至职业高中会考文凭、农业技术员证书。

2. 高等农业教育。通过参加农业高中毕业后，可以继续参加高等农业教育。法国的高等农业教育分为三个层次，有两年制的高等技术教育，有4～5年的工程师教育，还有6年或8年的研究生教育。两年制的高等技术教育主要接收高中毕业生和取得农业技术员证书者。毕业后可获得农业高级技术员证书。可以就业也可以继续参加高等农业教育学习。4～5年的工程师教育分为两个阶段完成：首先要在高中的大学预备班学习2年，通过严格的考试之后进入高等学校。其次才是2～3年的专业知识学习，毕业后获得工程师文凭。其中4年制的文凭由校长签发，5年制的文凭由农业部签发，也称国家工程师。近年法国每年有1.2万～1.3万名新毕业的农业工程师。研究生教育又分为6年和8年两种，6年毕业的研究生可获得农学硕士文凭，8年毕业的研究生可获得国家博士文凭。研究生教育的培养目标主要是国家机关行政官员、农业科技的教学和研究人员。

3. 农民职业培训。法国的农民职业培训可以概括为三个面向，即面向农民具体情况、面向农业现实需要、面向农业发展目标。培训密切联系农场和农业企业的实际，不少培训就在农场进行。培训分为短期和长期两种，短期培训一般20～120小时，长期培训要超过120小时。据有关资料介绍，1995年法国有125个农业学徒培训中心，接受培训者1.5万人，156个农业职业培训中心，接受成年培训者11.2万人。培训的目的是使没有受过农业教育、不具备农业经营知识的农民取得经营农业所必须的基础知识，使参加过农业教育的农民进一步提高农业科技知识和经营管理水平。农民接受培训可以取得相当的证书或晋级。

（二）法国的农业职业教育的主要特点

1. 分工明确——农业部主管。法国的农业教育明确由农业部主管，农业院校校长的任命、教育经费的拨付、专业和课程的设置、学校的学生管理等都由农业部负责。教育部只是配合农业部负责农业教育文凭与国家基本文凭的对等协调工作和宏观管理。这样使农业教育的目标与农业发展需要的一致性得到充分体现。

2. 立足发展——专业不断调整。法国的现代化农业体现在农业产业内部专业化程度越来越高，农业产业外部的延伸越来越广，从而对农业教育不断提出新的要求。与之相适应的法国农业职业教育在专业设置上也越来越细，除去原有的农林牧综合院校外，又新增了许多诸如农产品加工、农产品销售、农村环境保护等专业学校。在教学内容方面则不断根据农业发展需要增加教学课程。

3. 注重实践——结合农业发展教学。不管是农业正规教育还是农业技术培训，都是紧密结合生产实践进行。主要通过三个途径实现，一是利用学校的农场和生产车间，组织学生参加实际生产劳动和实习，把课堂上学习的知识及时应用到实际生产中，做到学懂会用。二是通过政府制定专门法律和政策，要求所有企业和个体农庄无条件地、随时随地接受学生实习、参观。三是组织农业院校参加国家农业发展计划的研讨，一方面可以调动农业教学人员的积极性，发挥他们的作用，另一方面通过他们的参与，国家在农业发展上的目标可以有效地指导农业教育。

4. 着眼就业——分层教育结合就业资格。法国的农民就业有严格的资格准入制度，按照规定，农业职业能力证书和农业职业学习证书的持有者只能在农场和农业企业中当雇工，只有获得农业技术员证书和通过农业职业或技术会考的毕业生才能有资格独立经营农场。农业职业教育体系设立的三个教育层次是与国家农业就业资格的规定相对应，充分考虑到学生未来就业的需要。

5. 面向未来——从青年就业教育入手。青年是农村、农业的未来，法国政府把帮助农村青年就业作为未来农业发展的 5 大优先任务的首位。1995 年 11 月，法国总理与各大农业协会主席签署了《青年就业国家宪章》，按照宪章规定，政府每年要筹集 34 亿法郎基金，支持农业教育与培训，每年帮助 12 万青年农民就业。

6. 政府扶持——基本免费教育。法国政府非常重视农业职业教育和成人培训。在法国公办学校学生都是免费的，私立学校也基本是免费或适当收费。农民培训的经费主要来源于政府提供和农业发展协会的支持。

三、瞄准国际市场的荷兰农业教育

荷兰位于欧洲西部，国土面积 4.15 万平方公里，其中陆地面积 3.4 万平方公里，相当于两个北京市。全国有 1/4 的国土低于海平面，因此又称“尼德兰”，意思是低地之国。低洼易涝，光热条件差，十分不利于农业生产。但是在狭小的国土面积、恶劣的自然条件下，荷兰却是世界上的经济强国、农业大国。据世界银行的资料，荷兰的经济总量居世界第 12 位，1998 年国民生产总值达到 3 387亿美元。人均国民生产总值达到 24 760 美元，居世界第 18 位。所谓农业大国，体现在荷兰农业创造了多项世界第一。农产品出口率世界第一、土地生产率为 2 468 美元/公顷居世界第一，创造了世界第一流的设施农业，温室总面积占世界 1/4。创造和支撑荷兰农业奇迹的是先进的教育、科研、推广体系。

荷兰的农业教育从娃娃到成人分为 5 个层次。①初等农业教育，从小学高年级开始，学生要学会认识各种植物、花卉和动物，还学习农产品加工知识。②中等农业教育，农业教育中心主要承担中等农业教育。具体又分为两种形式，一种是全日制，一种是每周 4 天工作，1 天在校学习。教育采用模块式进行，模块是教学的基本单位，每个模块都包括实践内容。学生除去在实践培训中心参加技能操作培训外，还要到不同的农场，企业参加实际劳动。③高等农业学院，高等农业学院培养农业经济领域的管理人才。全国共有 5 所农业学院，开设的课程涉及农业的所有领域，学制 4 年，学生毕业后授予学士学位。④农业大学，1918 年成立的瓦赫宁根农业大学是荷兰唯一的一所农业大学，下设

70多个系，师资力量雄厚，教学设施先进，主要培养农业科学、环境管理的人才培养和开展农业科研工作。⑤成人农业教育，荷兰成人农业教育虽然与农业教育、科研、推广紧密结合，但是面向社会开发，任何层次的学员都可以参加学习，而且课程可以根据学员的具体要求开设。

瞄准国际先进水平，保持领先地位是荷兰农业教育的突出特点。主要表现在以下几方面：①根据国际市场农产品贸易规则的发展变化设置教育和教学目标。确保荷兰农产品在国际市场上的竞争力。②鼓励、安排学生和教师参加国外的教育，了解其他国家人力资本开发情况和世界各地的科技文化的发展。③为外国学生来荷兰学习创造条件，在学校开设用英语教学的硕士、博士课程，采用国际通用的模块式教学、资格体系等。④扩大对外交流，全方位开放式教学。国际农业中心和国际培训中心40多年来为广大发展中国家培养了大批农业科技人才。

荷兰普及农业教育对提高农民的科技文化素质作用非常明显，据有关资料介绍，荷兰35岁以上的农民中受过农业教育的占40%，35岁以下的农民85%都受过农业职业教育，应该说教育为加快荷兰农业现代化打下了坚实的基础。

四、绿证培训与加拿大农业职业教育

加拿大的农业教育目前有三种形式，一是绿证培训工程，二是农业职业教育，三是具有先进水平的远程教育。

（一）绿证培训工程

该工程1974年提出，1975年正式在阿尔伯塔等省启动。绿证培训工程由各省农业部负责管理工作，并设置了专门的管理机构。该机构的职能共有6项：①引导组织开展绿证培训工作；②提供绿证培训资料和绿证管理文件；③组织召集在非农场培训单位的培训工作；④负责组织绿证考试中心进行的绿证资格证书的复试工作；⑤负责提供参加绿证培训的高中学生培训的有效资料；⑥定期与受训者、训练者和高中管理教师联系以掌握培训进度，管理培训工作。承担培训任务的大多数是已经取得绿证的、有丰富实践经验的农场主或农场的熟练技术工人。参加绿证培训的是在校的高中学生和青年农民。参加培训的学员在培训结束后要经过初试（在参加培训的农场进行）和严格的复试（在绿证办公室指定的绿证考试中心进行），通过后才能获得农业部颁发的绿色证书。绿证分为三级，一般在农场培训的学员考核合格可以取得一级绿证，少数可以取得二级。要想取得三级绿证，必须在取得一、二级绿证的基础上，再经过若干个实践岗位的锻炼，然后再参加大学的培训才能获得。获得一级绿色证书的可成为行业技术人员，获得二级绿色证书的可以担任行业部门的生产主管，第三级绿色证书的获得者才能担任生产部门的经理。

加拿大的绿证培训工作有三个特点，一是把农业职业教育前移，纳入高中的学习内容。当前已经把 12 门绿证培训课程纳入高中的必修课，拿到一级绿色证书要参加 400 小时的培训，可以取得 16 个学分。这 16 个学分既可作为高中毕业的学分，又可以作为继续升学的学分。二是绿证的培训课程与农业行业发展的需求紧密结合。为了满足农业生产的需要，跟踪农业技术最新的发展，培训课程已经由开始的 13 门发展到现在的 30 多门。三是绿色证书培训的费用不用受训者本人承担。青年农民参加培训明确规定是免费的。高中学生参加培训虽然从 1993 年开始收费（取得一级绿证收 720 加元），但是这笔费用是由国家给学校的教育经费中支出，而不要学生本人承担。

（二）农业职业教育

农业职业教育与其他偏重学历教育的学校最大的区别就是教学形式非常灵活。大体分为三类，一是二年制的职业培训证书班，主要对象是高中毕业的学生，在参加工作之前先参加二年的培训，毕业后可以作为技术工人就业；二是三至四年的学历教育。主要对象是已经有农业工作背景的、有实践经验的而且有个人发展需要的青年农民。毕业后可以取得本科学历和三级绿证。三是可以根据顾主的需要，为其职工开展短期培训，相当于我国企业招工后进行的岗前培训。在加拿大的农业职业教育中，十分注重学员掌握的行业技能。为此 Lakeland 学院专门开发了“学生管理农场”课程（Student Manager Farm 简称 SMF），深受学生和农业企业的欢迎。该课程要学习两年，第一年主要学习农业理论课程，第二年主要实际进行企业运作和实际管理工作。

（三）利用远程教育系统开展农业职业教育

加拿大地广人稀，好多偏远地区的学生上学非常不便，一些学院开发建设了远程教育系统，利用它进行农业教育和培训。远程教育系统不光极大的方便了学生，而且对于不能脱产学习的农民也创造了学习的机会。

五、英国的农业教育

英国是世界上第一个实现工业化的资本主义国家，在工业化发展初期对农业的剥夺对农民利益的侵犯曾经被广泛地载入教科书。由于不重视农业，利用工业产品换取廉价农产品，造成在两次世界大战期间失去海外农产品的供应，发生国内食品供应危机。二战以后，英国政府开始重视本国农业，加快农业现代化建设步伐，并建立了农业教育体系。经过半个多世纪的发展，英国不仅成为最早实现农业机械化的国家之一，而且农业生产效率在农业发达的欧洲也是名列前茅。英国有 5 600 万人口，人均耕地只有 1.8 英亩，但是由于采用现代农业技术，使得谷物和肉类的增长率高于人口增长率的 10 倍。这些成绩的取得，主要归功于先进的农业教育、科研和推广事业的发展。

国际上的农业教育一般都是由正规的农业职业教育和农民培训构成，而且西方发达国家的一般都比较完备，而英国的农业教育只是到了二战以后才真正得到重视。1946—1950 年期间，全国各地普遍建立了农业院校。到 1980 年，英国除去 15 所综合性农业大学、5 所兽医学院外，每个县都至少有一所农学院，总数达到 81 所。此外，英国农渔食品部的农业培训局还与地方教育局和农学院合作兴办了 200 多个农业培训中心开展农业职业培训。

（一）正规的农业教育体制

英国的农业职业正规教育由三类院校承担：一是大学的农业院系，提供本科和研究生课程；二是地区农学院，提供高级国家农业证书课程；三是县农学院，提供普通国家农业证书课程。整个农业教育体制从低到高分为 4 个层次：①国家农业证书。主要针对已经参加 1～2 年农业生产的、完成普通基础教育的 17～18 岁的青年，进入县农学院参加不脱产的农业专业培训，经过一年的全日制培训，授予国家农业证书，毕业后主要从事生产第一线工作。②普通国家农业证书。由县和地区农学院招收持有普通教育证书（需要通过英语、数学、自然科学和社会科学考试）、有一年以上农业实践经验的学生，经过 2～3 年的学习，毕业后发普通国家农业证书。可以从事农业技术员或农业管理人员工作。③高级国家农业证书。由地区农学院招收持有 5 个科目考试及格、并且数学或自然科学有一门优秀的普通教育证书、有一年以上农业实践经验的学生，经过 3 年的学习，毕业后授予高级国家农业证书。取得这类证书的毕业生可以担任大农场的技术员或管理工作，可以担任企业或政府的农业顾问、农业学校的教师。④学位课程。英国共有 15 所大学提供农业和食品科学的学士、硕士和博士学位课程教育。申请入学者必须持有与农业有关的自然科学2门优秀、其他3门及格的普通教育证书，学制5～6年。学生毕业后主要从事农业顾问或教育科研工作。

（二）英国的农业技术推广和农民技术培训

英国的农业技术的教育、科研和推广工作的体制不是全国统一的，在英格兰和威尔士是由三个体系领导，而在苏格兰则统一由农渔食品部领导，具体由农学院落实。英国的农业技术推广被称为农业开发咨询服务。各县都设有农业咨询服务机构。它的主要职能有：①为农民和农业生产者提供信息和咨询，帮助他们管理好农场；②承担研究和开发任务，帮助农民进行调查研究，解决生产和流通中的问题；③为农业食品部和政府制定科学技术和管理政策提供意见和建议；④协助执行政府有关政策，如动植物健康卫生的规章制度、土地排水、土地利用、水土保持、自然环境美化、繁荣农村经济等。

英国在乡镇设农业顾问，就是农业推广人员，每个乡镇大约有500个农户。国家提供推广人员的经费，每人每年经费可达1万英镑。农业推广工作通过三种方式进行。一是深入到农民家中了解情况解答问题；二是由推广人员组织农民讨论小组集中传授和解答农业技术问题；三是采取开会、展览广播等方式推广本地区要解决的技术。

英国实行义务职业教育，为此建立了完整的多层次的农业教育体系，政府对农民和农业工人参加技术培训提供经费补助。国家制定青年培训计划，每年有1万名农村青年参加国家组织的为期1年的职业培训。参加培训的人员不但不要交纳培训费用，而且每周还可以得到25英镑的补助工资。对一般农民的培训由农业培训中心承担，每个培训中心的服务半径一般是15公里，所以规模较大的县设有几个培训中心。学习的课程根据农时安排，每周脱产学习1天。学习的内容包括四个方面：基本农业知识和技能、农业专业技能、会计和企业管理、农业经营管理等。学习结束经考试合格由农业培训局颁发技术能力证书或企业技术能力证书。通过培训，使所有青年农民都具有管理农业的知识和生产技能。

六、“双元制”的德国农林教育

德意志联邦共和国（简称德国），位于中欧西部，总面积35.7万平方公里，总人口8 220万。德国不仅是一个发达的工业国，而且具有发达的现代农业。目前德国的农业教育体系是1960年以后改革发展形成的，与美国、英国有明显的区别。“双元制”教育是指学生在上学期间在农（林、牧）场进行职业训练和在学校的专业知识教育相结合的教育制度。德国的普通教育的小学阶段只有4年，而中学又分为三种：一是5年制的国民中学；二是6年制的实科中学、而后可继续进入2年专业高中；三是9年制完全中学。完成普通教育之后，上述三种不同学校的学生毕业后可进入不同的高等农林教育院校。

大学教育。德国的农林高等教育除去汉诺威兽医学院和霍恩海姆大学等少数独立的农科院校外，多数分属各综合性大学。大学招生对象为9年制完全中学的毕业生，学制4年。教学内容偏重理论知识，但是必修课的比重较少，选修的课程比较多。经毕业考试和论文答辩合格后颁发大学毕业工程师证书。由于德国的高等教育没有硕士学位，所以大学毕业生工作一年后可以继续报考攻读博士学位。凡是大学都有权授予博士学位，学制2.5～4年，主要是在导师指导下进行科学研究，不设必修课程，导师也没有授课的义务。学生经过三门自选专业课考试合格，通过论文答辩，可获得博士学位。

高等专科学校。招生对象主要是9年制完全中学和6年制中学又上了2年制专业高中的毕业生，学制一般3年，实际为4年。学习内容以专业技术为主，与大学相比必修课比重较大，除去在学校学习专业知识外,在两个学年之间安排实习半年,共两次、一年时间。毕业时可获毕业工程师证书。毕业生中的少数优秀者征得大学同意,也可以插入大学对口专业的三年级继续学习。

农业专科学校。招生对象为5年制或6年制中学毕业后，经过2～3年职业学校学习并有2～3年农业生产实践经验的青年。专科学校的学制分为一年制和二年制两种，学习内容除去一门语文课外，其余都是专业课，以学习专业技能为主。一年制的毕业颁发农业师傅证书，二年制的颁发技术员证书。

职业学校。招生对象是5年制或6年制中学毕业生。德国的农业职业学校每县一所，学制2～3年。学习内容主要是对农林方面14种职业进行训练，如农场管理、园艺场管理、林场管理和家政等。学生每周除去一天在学校学习，其余时间都在预先签定好合同的农（牧）场参加劳动，做学徒工。所劳动的农场的农场主必须具有农业师傅毕业证书。如果学生的父母是农场主，并且具有师傅证书，学生在第一学年和第二学年可以在自己家做父母的学徒工。但是最后一年学生必须到其他农场学徒。毕业后发给学徒毕业证书。

德国农林教育的最大特点是层次分明，目标明确。各个教育层次的培养目标是：①攻读博士阶段的学生，毕业后主要从事科研或教育工作；②大学毕业的主要从事科研、教育、机关或经济管理工作；③高等专科学校的学生毕业后，主要从事农林业咨询或农（林、牧）场的技术和管理工作；④农业专科学校的毕业生主要从事农（林、牧）场的技术和管理工作；⑤农业职业学校主要培养农业工人，直接参加生产劳动。

七、支撑日本农业现代化的“双体系”农业教育

日本是世界上人均耕地最少的国家之一，但是靠农业现代化最大程度地满足了国民的消费需求。据有关资料介绍，早在

1980年日本每人从本国农业生产中得到的农产品已经达到相当富裕的水平。其中大米109千克（超过实际消费量），鱼85千克，牛奶53千克，鸡蛋18千克，牛、猪、鸡肉22.5千克。同时依靠农业生产的发展，日本农民的收入水平已经超过城市居民的收入水平。早在1975年，日本农户平均年收入达到341.4万日元，而每个职工家庭平均年收入只有289.7万日元。对于这些成绩的取得，日本文部省发表的《日本的成长与教育》白皮书指出："日本经济之所以迅速发展，教育的传播和发展是一个重要原因"。第二次世界大战以后，日本制定了新的教育体制，规定从初中、高中到大学都进行农业教育，特别是重点抓好自营农民的培养，自上而下地开展农业研修教育。使日本农民的文化知识、技术水平和生产技能都有了很大提高。在新增的农业就业人员中，99%以上都是高中以上文化程度。

（一）日本的农业高等教育

日本的现代教育制度已经有130多年的历史。小学学制6年，初中学制3年，小学、初中阶段9年实行义务教育。初中毕业后绝大部分学生进入高中和高等专门学校，早在1980年日本适龄青年的高中普及率就达到94%。农业高等教育分为大学（多数学制4年）、短期大学（学制2～3年）和高等专门学校（初中毕业生入学学习5年）。日本的高等农业教育与欧美相似，基本没有单独的农业院校，都是在综合大学设置农学部，体制上统一属文部省领导。据有关资料介绍，1986年日本全国共有大专院校1 014所，其中设农科类学部52个。短期大学和高等专门学校548所，其中设置农科类学科30个。

由于日本大米等主要农产品自给有余，政府近年来实行了收缩政策，对农业高等教育产生了很大影响，首先是高等农业教育的毕业生在农业领域得不到就业机会，只能改行从事其他行业，用非所学的问题越来越突出；其次是政府对农业高等教育和农业研究提供的经费普遍不足。根据农业技术发展的需要，在教育内容上也在不断改进，新增了生物工程、遗传学工程等内容。

（二）日本农业的研修教育

农业研修教育是日本农业教育的两个重要体系之一。包括从事农业工作的职员（公务员）研修和农民研修两个方面。

1. 农业职员的研修教育。日本的职员研修是国家立法规定的。《国家公务员法》中明确规定："为了发挥和增加职员的工作效率，必须建立职员研修事项有关的计划，并努力实施。各省厅的长官有推进职员研修的责任和义务。"农业职员的研修工作由农林水产省和地方农政局组织，各级研修所、农业改良普及所和科研单位承担，国家给以经费的保证。每年参加研修职员的比重要达到总数的30%以上。参加研修的对象一般是新录用的职员和新提拔的职员，时间少则4～5天，多则1～3个月。研修内容则根据不同对象分为新任者研修、现任者研修、特别研修、专业研修和出国派遣研修等。同时在教学安排、课程设置、研修生管理以及经费预算等方面都有具体规定，有章可循。

2. 日本农民的研修教育。日本的农民教育从明治维新时期就开始了，曾采取兴办农民夜校、农民讲习所、农民培训班等形式对农民开展科技文化教育。二战以后，农民教育事业进一步规范，由国家教育系统和农业改良普及事业系统共同负责实施。为了推动农民教育事业，政府先后颁布了一系列法律法规，如《社会教育法》、《青年学级振兴法》和《关于农民研修教育设置管理要领》等。具体采取四种途径加强对农民的教育：一是建立营农大学校，培养优秀的农业接班人。招生的对象是从事农业生产一年以上的高中毕业的青年农民，经过三年系统的专业知识教育，毕业后回家务农。全国目前已建立营农大学校53所，每期可招收学员3 400多名。学习经费由国家和县财政共同负担。二是短期进修。是以农业改良普及所为基地，针对那些不能参加长期进修的农民，利用农闲季节开展短期进修，三年毕业。三是农业进修机构与高中协作，针对未来可能从事农业的高中在校学生举办“绿色学园”。主要是利用暑假组织学生体验农业生产经营活动和到先进农户家参观，培养学生提高农业基本知识和对农业的兴趣。四是建立农村青年俱乐部，为农村青年提供学习、交流农业技术的场所，活跃农村青年的文化生活，达到提高青年科技素质，稳定农民队伍的目的。

3. *农业科技的普及推广*。农业科技知识的普及推广是提高农民素质的重要途径。1948 年，日本开始把农业科技知识的普及推广作为振兴农业的基本国策，在全国设立 611 所农业改良普及所，配置农业技术员 585 人，普及员 1.2 万人，其中农业改良普及员 1 万人，生活改善普及员 2 000 人。与之相配套，农协组织中还设置营农指导员 2.25 万人。这样上下配合开展三大任务：农业技术的改良普及、农民生活的改善和农业后继者的培养。

八、印度的“绿色革命”与农业教育

印度是与我国西南部接壤的农业大国。到 20 世纪 70 年代末，农村劳动力仍占全国劳动力总数的 70%，农业产值占国民生产总值的 44%。家庭小农场是印度农业的主要经营形式。全国平均每个家庭农场经营耕地 2.3 公顷，经营规模小于 1 公顷的农场占 54.6%。20 世纪 60 年代以前，印度的农业生产水平不高。人口的年增长率高达 2.48%，而农作物单位面积产量的年增长率只有 1.4%。全国人均占有粮食 200 千克，是一个粮食进口国。从 20 世纪 60 年代后期，印度成功地开展了以农业集约生产为主要特征的“绿色革命”，实现了农业的较快增长。1967—1979 年的 12 年期间，印度农业生产增长了 79%，由原来的粮食进口国变成了粮食出口国。印度农业的“绿色革命”取得成功，有一条重要经验就是在实行农业集约经营的同时，大力加强农业科技教育，建立了正规的农业教育体系和农业职业培训体系。

（一）农业教育

印度在独立以后开始重视农业教育，而且从中小学就开设农业课程。

1．中小学的农业教育。印度宪法规定，从6～14岁的儿童进行免费义务教育。到目前为止，除去奥里萨、北方邦和西孟加拉三个邦以外，其他邦都做到了宪法关于义务教育的规定。从1964年开始，根据教育委员会的建议，首先在北方邦的中学开设了农业课。同时实行了10+2+3的教育模式，即小学加初中10年，高中2年，高等专科学校3年。学生在前10年就可以学到农业基础知识和工作经验，特别是到高中阶段农业课被优先列入教学计划。

2．农业职业教育。印度农业及相关领域的职业教育，设有专门的职业教育学校，目的是培养熟练工人和技术人员等初、中级农业人才。农业职业学校招生对象是完成7年普通教育的学生，或15～22岁的农村青年。学制1～2年（渔业培训有不足1年的），毕业后有些还可以进入四年制大学继续学习。培训期间可获得生活补贴，参加生产实践还可以得到一定的劳动报酬。开展的主要项目有农业培训、家政培训、奶牛业培训、渔业培训、农业工程培训、林业培训和农村定向培训等。

3．农业高等教育。印度在高等农业教育发展中学习美国赠地学院的方式，并于1960年在北方邦的潘特那加建立了第一所农业大学。农业大学在一个邦的范围内负责农业的教学科研和推广教育工作。它的办学宗旨是为农业和农村服务，着重加快解决农村的社会经济问题。农业大学有三项基本职能。首先是教育职能，多数邦的农业大学负责全部高等农业教育，有些还负责中等农业教育和农业专科教育。北方邦的农业大学除正规的大学教育体系之外，还下设25个培训学院。其次是科学研究职能，农业大学的《规范法》规定，邦的农业科学研究项目由农业大学负责。但是有些邦没有把科研项目交给农业大学，还是交给邦政府管理的农场和科研站。第三是推广教育职能，农业大学自己没有条件去开展推广示范工作，而是由邦农业部安排任务给大学的科研人员。有些邦的农业大学负责邦农业培训中心，推广教育的职能就比较好落实。

印度的农业高等教育的特点有以下几点：①邦政府的强有力的领导，大多数农业大学都由邦政府的首席部长、名誉首席部长和农业部长担任正副校长，另设一位学术上有名望的专职副校长负责管理学校的行政和学术事务。②邦政府是大学教育经费的主要来源。据 1975—1976 年对 21 所农业大学的统计，邦政府提供的经费占 67%，印度农业委员会提供的经费占 19%。③注重学生的全面发展。农学院为了使学生在学习知识的同时学到实践技能，普遍实行实践教学，主要形式有：讲作物课时给学生分配一块 0.02～0.4 公顷的土地，让学生自己耕种、收获、销售，学校在经费和技术上给以指导。作物的收入除去学校扣除预付的支出，学生还可以获得一定报酬；讲管理课时学校提供土地管理、苗圃管理、家畜管理、农场管理的实习机会；讲推广方法课时，组织学生到农村进行 1～2 周的调查，帮助农场做规划，为农民提供技术咨询；此外学校还组织社会公益性服务，如野外植树、鼠害和病虫害防治、到农村帮助修路、打扫环境卫生或帮助农民进行农事作业等。实践课在四年的本科课程中占很重要地位，如四年制农学院课程共 18 门，总学分要达到 224 分，其中实践课 64 分，占总学分的 28.6%。

（二）农业推广教育

印度农业大学的任务是为农业和农村社会服务，农业推广教育是他们的重要职能。大学设推广机构，其任务是对推广人员和农民交流新的知识和技术。

推广工作的主要内容有：计划组织和定向培训推广人员；收集、整理和传播科研成果给推广人员和农民；为推广人员和农民编写情报资料和辅导教材；组织科研新成果的推广示范；为农民、推广人员和银行人员提供农业咨询；对科研成果的推广效果进行调查。

具体的服务方式有：提供农场咨询服务。大学的农业专家帮助农业推广人员通过现场示范、组织大田日、发放讲义和辅导材料等方式，为农场提供咨询服务，每名推广人员负责 300～600 个农户；组织农业博览会。许多农学院都组织一年一度的博览会，会期三天，邀请农民到学校参观各种试验田、示范田、苗圃、农机具和畜舍等。全校师生放假接待参观的农民，并负责介绍、解释推广的新技术，解答农民提出的问题，使农业院校成为农民科学种田的中心。旁遮普邦农业大学建校 18 年，已经接待了 30 万农民；开展人员培训。一是针对农业的各个领域组织专题培训，如畜牧、农机、植保等。二是针对农村青年、妇女、农民志愿者开展培训。学校为受训的农民提供住宿和必要的交通工具；建立交流中心。现在有些大学还建立了交流中心，通过报刊资料、举办专题讲座、组织农民参观等方式推广新技术。

九、国外农业教育的经验和启示

当今世界上不论是发达国家还是发展中国家，由于国情不同，农业现代化的道路不尽相同，有的采取规模化经营，有的实行集约化生产，但是在现代农业的背后，都有一个与之相配套的教育体系。他们在培养现代农民过程中的许多做法，许多经验都值得我们学习借鉴。

1. 教育、科研和推广三位一体的农业科技体系体现了科学性和有效性。农业教育、农业科研和农业推广是一个有机的整体，相互促进。农业科研是基础，农业教育是手段，农业推广是目的。没有先进的农业科研成果，农业教育和农业推广都会成为无源之水，反过来，发达的农业教育又可以为农业科研培养优秀的人才，完善的农业推广体系可以把科研成果应用到生产实践中去，实现其价值，成为科研发展的动力。也可以说，把农业推广与农业科研、农业教育结合起来，可以大大增强科研和教育的实用性。目前我国农业教育体系前面与科研体制上的分离（不排除某些研究人员同时在农业院校授课或农业教育人员承担一些科研项目），后面与农业推广在体制上分属两个系统，（不排除某些科研人员、农业教育人员到农村开展一些普及性培训），是造成农业科技成果转化率低，农业院校的毕业生实践能力低的重要原因。要改革我国农业教育体制，加强、完善农村科技推广体系，美国、日本、印度等国的农业教育体系把三者结合起来的做法值得我们学习。

2. *农业教育要从基础抓起。*义务教育制度在很多国家都已经实施，但是在义务教育阶段就开始设置农业基础知识教育的国家并不多见。而法、英、印度等国在小学、中学就把农业基础知识的教育列入教学内容，实践证明，对于提高国民对农业的认识，提高农业院校学生的农业基础知识，都有着重要意义。我国的义务教育，或叫基础教育（包括农村地区）对农业知识没有安排，实际上是一个全面面向高考的教育制度，是引导农民的孩子如何离开农村的教育。造成相当比例的没有考上大学的高中毕业生参加农业生产后，文化水平是农民中的高层次，而生产技能却“白纸一张”。从基础抓农业知识的教育，对于我国许多初中毕业就参加农业生产的新农民是非常重要的。

3. *农业教育面向生产、面向就业、面向市场的方针，是农业发达国家农业教育的突出特点。*具体在教学方法上不光注重课堂教育，更重视到农场或实习基地实践，在教育目标上，坚持以增强学生创新精神和生产经营技能为目的。在教学管理上也比较灵活，不少国家由于实行的是学分制，学生可以自主选择喜欢的课程，甚至教材。农业职业教育在学科建设上，根据市场需求不断调整。目前我国在农业教育受教育体制的影响，离生产实践、市场需求都比较远。

4. 规范、有序的农民技术教育。在农民技术培训方面，各国都创造了许多先进经验。归纳起来有以下几点：①有法可依。由于在许多国家政府和社会都非常重视农民的教育培训，因此国家制定了专门的法律，主管部门制定了具体实施办法，保证和规范了农民的教育培训工作。②制度接轨。国家统筹安排农民的教育培训，与正规的农业职业教育接轨，不仅可以充分利用社会教育资源，农民也免得参加重复教育。特别是不少国家的农业院校招生要求必须有一年的农业生产实践，为农村中的年轻人提供了继续学习的机会。③）组织健全。农业发达国家的农民教育培训的组织非常健全。领导机构、实施机构、监督机构规定的非常明确，各负其责。日本的农协作为农民自己的合作组织，在配合国家农业部门抓好农民教育培训工作中，也发挥了突出作用。④经费保障。教育是一种投资，农民的教育培训需要经费支持。目前各农业发达国家的农民培训基本都是国家财政提供专门的经费。有些不仅担负农民参加培训的费用，而且还发给农民生活补贴。

5. 利用现代信息技术武装的远程教育体系。现代信息技术极大的缩短了时间与空间的距离。因此在国土辽阔，人烟稀少但科技比较发达的加拿大造就了远程教育系统。它不仅节约了大量集中办学的费用，节约了学员为上学往返的时间和费用，而且提高了高质量教育资源的教学效率。利用远程教育系统开展农民教育培训的经验，对我国广大偏远地区有很强的借鉴意义。

第五章　发展农村教育事业提高农民科学文化素质

尊师重教在我国有着非常悠久的历史。“教育”一词，在我国最早出现在《孟子·尽心上》中“得天下英才而教育之，三乐也”。按照《说文解字》的解释：“教，上所施，下所效也。”“育，养子使作善也。”江泽民同志在十六大报告中指出：“教育是发展科学技术和培养人才的基础，在现代化建设中具有先导性全局性作用，必须摆在优先发展的战略地位。”提高农民素质，最基本的是要首先提高农民的科技文化素质。国内外的经验告诉我们，加强农村教育事业的发展，是提高农民科技文化素质最根本的最有效的措施。

所谓农村教育，是指在农村举办教育或面对农民以解决农村经济社会问题而开展的教育活动。包括三个层次：一是院校的正规教育。比如目前我国正在普及的9年义务教育，和各种门类的大中专教育体系。正规的农业教育是培养高素质农民和农业专业技术人员的基础。二是农民教育和培训等成人教育、继续教育。三是参加农业科学试验和技术推广等实践教育活动。

教育对提高农民的现代化素质有着十分重要的意义：①为农民提供了与社会交流的工具和手段。虽然每个人在家庭就完成了语言的学习，但是规范的语言表达和文字表达是从学校得到的。即使是初等教育或农村中的扫盲识字班，对农民都是非常重要的。②完善和提高了农民认识世界的方法和能力。愚昧总是与无知联系在一起，有的农民往往会干出一些常人难以理解的傻事，就是由于缺乏知识造成的。如果为农民提供良好的教育，就会使他们远离愚昧。③为农民提供了大量传统农民很难得到的农业以外、本地以外的信息。传统农民的经营决策的依据就是世代相传的经验或者根据乡邻的做法，“傻子过年看人家”，严重的从众心理往往造成农民的生产滞后于市场。通过教育提高农民的文化水平，会从目前社会上众多的媒体获取有用的信息进行决策。④可以使农民增加科技知识和生产技能，从而可以提高生产经营的效率和效益。“知识就是力量”，在各种生产力要素中“科学技术是第一生产力”。教育是获得知识的主要途径。⑤可以帮助农民养成文明、健康的生活方式，培养高雅的气质，增强健康体质。1993 年度的世界银行发展报告的主题是“投资于健康”。报告为世界各国政府制定“人人健康”的政策，提出三条对策建议，其中一条就是“扩大对教育，尤其是女孩教育的投资”。⑥有利于下一代以及民族未来文明发展大计。农村中文化水平比较高的农民，一般比较重视子女的教育。而文化水平不高的农民尽管也重视子女的教育，但同时在对教育投入上一般会重男轻女。农民的文化水平提高了，会保证农民子女一代一代都能受到良好的教育。

一、农民个人成长和事业发展对教育的需求

农民的个人综合素质与事业的发展是一个相互促进的关系。一般说综合素质比较高的，事业成功的可能性就大，在经济社会发展中发现和利用好机遇的能力就明显增强，这也是劳动者受教育年限与收入水平密切相关的原因。同时综合素质较高的农民，对就业岗位的选择要求就高，而已经从事技术含量比较高的职业的农民，进一步学习提高科技文化水平的需求也比较迫切。在传

统农业的情况下的劳动力的要求是勤劳体健有力气，在现代农业下要求劳动力不光是勤劳有力气，还必须具有一定的科技知识、农机操作和经营管理技能。

尽管教育对于农民来说既十分必要又十分缺乏，但是农民对于教育的看法和需求却非常不同。有两种突出而且截然不同的反映：一种是对教育非常重视，有强烈的需求。持这种看法的一般是有一定文化基础，具备进一步接受教育的能力；有一定经济条件可以支付一定的学习费用；有一定的社会阅历，亲身体验或认识到教育的作用；年纪较轻，对未来发展有较高的追求。原劳动部就业司和信息中心曾于 1996 年对随机抽取的 2873 名民工进行问卷调查，其中有 80%的人“希望得到职业培训的机会”，有 67.8%的人“愿意花钱参加自己想参加的培训”。与此相反，那些地处偏远封闭、缺少文化知识的人，年龄较大的农民则自己对教育培训没有需求。但是多数农民都把学习成才的希望寄托在子女身上，在满足农村基本的生活需求以后，对子女的教育就成为首选的投资方向。

学习培训的内容因人而异，对正在从事农业生产的农民来说，希望学到一些能够增产增收的技术，农产品加工销售的技能，但他们当中有不少人却不希望自己的子女学习农业生产技能。年轻的农民则希望学到二、三产业的知识和技能。总之，农民对学习培训的需求，主要来自于对增加经营收入和就业的期望。如果他们认为培训可以增加收入或能够找到体面的工作，则会表现出兴趣。

在传统农业向现代农业转化，落后的农村向现代农村发展过程中，除要求农民科学技术素质和生产经营技能的提高以外，农民传统价值观念的转变将是起决定性作用的，而思想政治教育和投身现代化发展则是促进农民思想观念转变的动力。农民的价值观念是农民对主观世界和客观世界的认知与评价，以及由此采取的行为取向。培养农民现代价值观念对于农民事业的成功具有非常重要的作用。

二、发展农村教育的经济学分析

经济学是一种研究在经济活动中如何节约成本、增加利润的学问。既然我们都认为教育是人力资本投资，而投资的目的就是为了追求利润，因此我们不妨像分析其他任何一项投资活动一样，分析一下农村教育的成本利润水平，目的也是为了提高对于投资决策的科学性。投资分析必须站在投资者的利益上，而教育的投资不同于一般的投资。主要反映在它的投资包括国家各级政府的投资、接受教育的个人投资。教育的收益自然也分为对国家的收益和对接受教育的个人的收益。在实际生活中，人们还把教育看成公益事业，因此许多爱国乐善的人士对教育慷慨解囊捐助办学。这些捐助虽然客观上也增加了教育的投入，但捐助人的主观上是不求利益的回报，而是替教育的主办人或受教育人弥补教育经费的不足，因此尽管今后还应大力倡导捐资助学，但我们不能单独分析捐资人的收益。只是这些捐助资金的收益最终反映到国家和受教育人的身上。

（一）经济分析中不可忽视的观点

现代人力资本理论经过半个世纪的发展，已经成为大多数人们接受的理论。其自身的理论体系也日臻完善，但是不可否认，人力资本投入的分析还有许多不同意见。我认为综合考虑这些意见不仅不影响对教育投资的经济学分析，反而有利于看清复杂的实践问题。

1. *教育成果准确估价问题*。一种值得注意的现象是人们通过接受教育不光提高了实际工作的能力，还可以“扩大精神活动范围，和增加晚年时间的乐趣。”另一种现象是教育“除掉提高他的生产能力外，也有利于别人。也许最重要的是对下一代的影响。父母更多关心他们的子女在重要的学龄前及以后时期给予精神上的鼓舞。”而这两种情况都是无法用经济方法度量的，从而造成低估了教育的价值。与此同时教育成果有时也容易被扩大。问题产生在接受同等教育的学生毕业后所表现的才能不同，单纯用教育解释才能的形成显得不能完全服人。其原因在于忽视了先天才能的因素。

2. 第三个得利者。在我们讨论教育投资的收益问题时，往往会忽略了第三个得利者——以赢利为目的的教育提供者。特别明显的是农村职业技术培训，有许多收费培训项目，是以赢利为目的。

3. 教育的悖论。由于教育在不同国家的制度、效果的差别，不同阶层的人对教育会产生截然不同的看法。教育是使人得到知识，提高技能的主要途径。但是在实际生活中教育会成为统治者的工具或个人跻身特权阶层的敲门砖；有人认为教育不能提高劳动生产率，教育系统基本上是一代又一代地产生出阶级结构。还有人针对一些第三世界国家的情况认为教育对个人是一项良好的投资，同时受过高等教育的人大量流失，对社会又可以说是一项糟糕的投资。

（二）对教育收益的评价

对于大多数学者和政治家来说,都认为教育对于经济发展目标和社会公平的目标都是有明显作用的。他们针对经济发达国家和经济发展中国家的经济发展与教育发展的关系进行了大量的数据分析,教育不论对私人投入还是社会投入的回报都是非常明显的。

1. 如何评价教育投入是否值得。如果以人力资本理论为前提，可以把个人和代表个人的政府对教育的全部投入，看作是一种投资，那么由于教育而增加的产出和收入就是教育的收益，而衡量一项投资是否值得，还不能只看有无收益，而还要看收益率的高低，即收益额与投资额之比。如果收益率高于市场利息率，那么这项投资就有了利润，投资就是值得的。由于教育投资都是在教育收益获得之前支出的，因此在评价收益率时还应该利用收益量和投资量的贴现后的现值。

2. 关于个人教育投资收益率的估算。尽管人们目前对教育制度和教育质量都许多不满意的地方，但是实际生活中教育仍然是发展最快的部门，尤其是在第三世界。据联合国教科文组织《1972 年教育统计年鉴》以及《1981 年统计年鉴》的数据，1950—1978 年间非洲、亚洲和拉丁美洲发展中国家的在校生总数已由 1950 年的 7 300 万人增加到 1978 年的37 700 万人，增长了 4 倍多。原因就在于人们看到了受教育的好处。不论是发展中国家还是发达国家，教育都是个人增加收入的主要原因，教育也是收益率很高的投资。据乔治·萨哈罗波洛斯《教育收益：最新国际比较》估计，巴西、加纳、印度等 8 个发展中国家正规教育的私人收益率，最低的是哥伦比亚，其初等和中等教育为 15%，最高的是加纳、埃塞俄比亚，其初等教育收益率达 35%。作为发达国家的日本，1973 年中等教育收益率为 6%，高等教育收益率为 8%。1972 年英国中等教育的收益率为 12%，高等教育收益率为 10%。1969 年美国中等教育收益率为 19%，高等教育收益率为 15%。另据卢福财主编的《人力资源经济学》提供的 44 国资料也可以说明上述情况（见表 2）。

对于个人来说，教育收益最直观地反映在工资的比较上。在各个国家，受教育多的劳动者都比受教育少的劳动者收入多。据世界银行《1995 年世界发展报告：一体化世界中的劳动者》提供的资料，在科特迪瓦、印度尼西亚和泰国的男性劳动力中，受过中学以后教育的收入是未受过教育劳动力收入的 4 倍以上，是受过小学教育劳动力收入的两倍以上。在印度尼西亚受过初中以后教育的女性劳动力，其收入是未受教育劳动力收入的 6 倍多。

表 2　不同地区和类型国家的教育投资个人收益率

地区或国家	调查国家数	初等教育收益率%	中等教育收益率%	高等教育收益率%
非洲	9	29	22	32
亚洲	8	32	17	19
拉丁美洲	5	24	20	23
发展中国家平均	22	29	19	24
中等发达国家平均	8	20	17	17
发达国家平均	14	—	14	12

资料来源：卢福财：《人力资源经济学》，第 101 页，1997 年，经济管理出版社。

来自我国的数据同样使人们得出肯定的结论。北京大学陈良琨教授 1992 年对 368 人的一项调查。结果表明，个人收入与受教育程度有明显关系，受教育程度每增加一年，年平均收入就增加 104 元。农业部农村固定观察点通过对 1996—2001 年农村不同文化程度劳动力劳均纯收入观察数据显示，“劳均纯收入总体上随家庭劳动力平均受教育年限的增加而上升。”而且“初中和高中以上受教育水平的劳动力劳均纯收入高于总体平均收入，文盲半文盲和小学文化水平则低于总体平均收入”（白菊红、袁飞 2003 年）。从北京市大兴区劳动社会保障局 2003 年的数据可以更加清楚地说明教育培训对于农民增加收入的作用（见表 3）。

表 3　七种专业技术工种培训费用与预期收入水平

技术工种名称	取得从业资格培训时间	支出培训费用（元）	预期收入（元/月）
烹　饪	360（学时）	750	1 500
司炉工	280	650	750
电梯工	250	610	550
电焊工	310	680	1 500
电　工	280	680	1 000
气焊工	280	650	1 500
水暖工	200	550	1 500

虽然表中的数据只是反映某个地区、某个时间的情况，但是

可以比较明显地看出：①培训费用的支出与预期收入水平呈现一致性，即培训时间长的工种，费用支出多，预期收入也相应较多；②在当地未经培训的劳动力月收入300～400元的水平下，培训费用的个人投资效益是相当高的，多数情况下一个月即可收回投资。上述资料是非农业的劳动技能培训，在农业科技知识培训上效果同样非常明显。北京市怀柔区北房镇小周各庄农民刘兴洲，已年过六旬，12年前他承包了村里2亩菜地，由于不懂技术和茬口安排，经济效益一直不高。1993年他又投资建了1亩简易温室，种植黄瓜、西红柿，由于不会管理，结果还赔了2 000多元。1995年，他参加了蔬菜技术培训班，经过努力取得了“绿色证书”。他把学到的技术应用到生产中，当年就使他的2亩温室收入1.6万元。他尝到了学习技术的甜头，不仅一次不漏地参加区、镇举办的技术培训，还自费到市农科院去进修。技术水平提高了，菜地的收入也提高了。1996年他承包了16亩露地菜和2亩温室，纯利达到8万多元。这个例子非常明显地说明了教育对农民的经济价值。

3. 社会教育收益率的估算。尽管许多国家的预算吃紧，特别是发展中国家，但是几乎是所有的国家在过去几十年间，都向教育事业投入了大量资金。联合国教科文组织1998年《世界教育报告》提供的数据表明，1970年世界各国公共教育经费总计为1 712亿美元，到1991年已增加到11 191亿美元，比1970年增加了5.5倍。而发展中国家的公共教育经费则从1970年的145亿美元增加到1991年的1 680亿美元，增加了10.6倍。这个数据可以反映出各国政府对教育的重视。

政府由于加大对教育的投入，公民的科技文化素质就会得到明显提高，从而使国民经济健康发展。主要表现在提高劳动生产率，推动新的科学技术的广泛应用，提高物质资本的使用效率。1962年美国经济学家舒尔茨在《教育的经济价值》一书中，采用收益率法测算了美国整个教育的收益率为17.3%。教育投资对美国1929—1957年间经济增长的贡献，其比例高达33%。虽然后来美国人力资本经济分析专家爱德华·丹尼森测算的比例是23%，也足以说明教育对国民经济的推动作用。同时发展中国家政府对教育投资的收益率也是非常可观的。乔治·萨哈罗波洛斯估计的数据表明，在发展中国家，如巴西、肯尼亚、智利等国家，初等教育的社会收益率可达20%以上，高等教育的社会收益率为9%～17%。

教育投资的增加对生产量的作用，远高于对固定资产投资所发挥的作用。根据挪威1900—1955年的统计数据计算，固定资产投资每增加1%，生产量增加0.2%，而对教育投资每增加1%，生产量增加1.8%。关于教育投资的社会收益率的整体情况，卢福财的《人力资源经济学》提供了系统数据（见表4）。根据《新华网》的资料，我国经济学家利用1978—1996年的教育投资和健康投资作为人力资本总投资，计算出我国每增加1亿元人力资本投资，可以增加6亿元GDP增加额。而每增加1亿元物质资本，仅能够带来2亿元的GDP增加额。

表4　不同地区和国家的教育投资社会收益率

地区或国家	调查国家数	初等教育收益率%	中等教育收益率%	高等教育收益率%
非洲	9	29	17	12
亚洲	8	16	12	11
拉丁美洲	5	44	17	18
发展中国家平均	22	27	16	13
中等发达国家平均	8	16	14	10
发达国家平均	14	—	10	9

资料来源：卢福财：《人力资源经济学》，第103页，1997年，经济管理出版社。

通过上述分析，我们可以看出教育投资的收益状况，呈现这样几个特点：一是发展中国家教育收益率明显高于发达国家和中等发达国家，反映了知识人才的稀缺程度，这也是造成发展中国家的教育投资增长速度快于发达国家的原因；二是初等教育的收益率明显高于中、高等教育的收益率，说明初等教育的成本由于受教育的对象是儿童，不存在放弃收入的机会成本因而比较低；三是除个别情况外，个人教育收益率明显高于社会教育收益率；四是如果把个人收益加上社会收益，任何地区或国家教育投资的收益都大大高于物质资本的收益，加大教育投资是个人和政府的正确选择。

加大对教育的投资除去在经济上是合算的，对于社会的进步，公民健康素质的提高都有着不能用收益率表现的好处。在发展中国家母亲的文化程度直接关系到儿童的健康。据世界银行的研究，13 个非洲国家在 1975—1985 年间的数据表明，妇女识字率提高 10%，儿童死亡率下降 10%。通过对 25 个发展中国家的人口和健康调查表明，若其他条件相同，母亲甚至只要受过 1～3 年的教育就足以使儿童死亡率的风险减少 15%。此外，受过教育的成年人往往选择对健康有利的习惯和生活方式。对美国 25 岁或成年人的预期寿命作的一项研究发现，受过最高和最低教育之间的预期寿命的差异，白人男性大约为 6 年，女性大约为 5 年。在俄国受教育程度较低者死于冠心病的通常比教育程度高的人高 2～3 倍。吸烟是危害健康的陋习，全世界每年死于吸烟的大约为 300 万人，而在吸烟人群中大多文化水平较低。

三、我国农村教育的发展现状

我国是世界上四大文明古国之一，尊师重教是我国人民的传统美德。从封建统治者推行的“学而优则仕”的理念到选拔人才的科举制度，促进了民间对教育的重视。

但在几千年奴隶社会、封建社会下，教育是为维护统治阶级的利益服务的。因此在教育的内容上没有农业和农村发展需要的内容，其次是广大农村地区很少有正规的学校，使农民没有受教育机会。真正使农村孩子能进学校还是新中国成立以后。而且随着农村经济的发展，农村教育也进一步得到发展。

（一）我国农村教育的种类及发展

什么是农村教育？1991 年国际农村教育研讨会在我国山东省泰安市召开。大会从内容、性质和特点等多视角对农村教育进行了定义：作为一个完整的体系，农村教育是由扫盲教育、基础教育、职业/技术教育和成人/继续教育所组成。农村教育是一个综合性变化的动因和农村社会经济发展不可或缺的一部分。农村教育是一个学术知识与实践技术的综合统一体。重点强调基础教育和功能性扫盲，对农村地区的所有人既是一项权利也是一项义务。农村教育作为一项共同事业需要协调教育、劳动、农业推广、健康、人口福利和商业等各部门间的跨部门的合作。这个定义可以说是国际共识基础上形成的权威性的解释。如果简单地说，农村教育就是在农村地区举办的、以农民及其子女为对象的教育、培训和技术推广活动。

农民教育是农村教育的重点，属于成人教育的范畴。比较规范的，大范围的农民教育在我国古代社会是没有的，只有到民国时期才受到重视。从史料记载，我国在 20 世纪 20 年代以后，曾经掀起了一个发展农民教育的高潮。一方面是许多知识分子深入农村进行平民教育的试点，如晏阳初、梁漱溟等；另一方面当时的政府号召地方上开展民众教育。1931 年河北省顺义县建立民众教育馆，各乡建立民众学校 68 处，学员共 1 378 人。学习时间四个月。就是远在新疆的岳普湖县也在 1943 年开始兴办农民教育，全县当时有 7 484 人参加成人班学习，主要以扫除文盲为主要任务。两年内实现脱盲的就有 1 663 人。虽然由于战乱多数都停止了，但可以看出，我国的农民教育是从扫除文盲开始的。

新中国成立以后，农民不仅在经济和政治上翻身了，而且在文化教育上也得到提高。在 50 多年经济社会的不同发展阶段，党和政府都把开展农民教育作为实现农村发展的手段，不同时期提出不同的教育方针。1950 年 12 月中央人民政府政务院批准颁布的《关于开展农民业余教育的指示》指出："有计划有步骤地开展农民业余教育，提高农民的文化水平，是当前我国文化建设上的重大任务之一。"1958 年 11 月，中共中央《关于人民公社若干问题的决议》指出："在劳动人民中普及教育，并逐步提高教育水平，这是缩小体力劳动和脑力劳动差别的一个重大步骤，必须认真执行。"1979 年 9 月中共中央做出的《关于加快农业发展若干问题的决定》，提出要提高水平。与此同时，教育部、农业部、共青团中央和科技部等部门在农村广泛开展了扫盲、文化补习、绿色证书和星火计划等农民教育活动。经过半个世纪的发展，我国农村的教育事业得到长足发展，对促进农民文化科技素质的提高起到显著作用。

1. 农村基本实现了普及九年义务教育。所谓基础教育是指从学龄儿童入学到初中毕业阶段的九年教育，也可以称为义务教育。在我国历史上，农村的基础教育有公学和私塾之分。公学是指由官方举办的学校。我国早在奴隶社会夏朝就有官办学校，即所谓"学在官府"。但是能在官办学校里学习的只能是奴隶主的子女。由于几千年来，官办学校在农村地区并没有发展起来，因此农村中有钱的人家就把教书的先生请到家里，教本家或亲戚的孩子读书，称之为私塾。而广大贫苦的农民子弟根本与系统教育无缘，顶多是通过学徒简单地学一些生存的手艺。由于旧式的教育是以儒学为主，教育是为封建统治阶级服务的，"学而优则仕"，与农村的发展没有多大关系。

农村新式的基础教育只有在新中国成立以后才真正发展起来。现在全国农村都实现了九年义务教育，农村的儿童基本保证了能够读书的条件。基础教育对每个人来说是提高科学文化素质，学习专业技能的基础。农村基础教育对于提高农民素质也具有十分重要的基础作用。经过基础教育，再参加职业教育或技术培训都会比较容易。由于旧社会许多贫苦农民没有上学的机会，新中国成立后在对农民进行科技推广时，只能先从扫盲开始。就是今后，农村基础教育对我国实施科教兴农战略来说，也仍具有全局性、基础性和先导性作用。

农村的基础教育普及如何主要反映在农村儿童入学率、小学辍学率、初中阶段毛入学率、初中生辍学率等指标上。据农业部软科学课题《提高农民文化、技术素质的对策性研究》提供的数据，全国学龄儿童入学率稳步提高，1962 年为 56.3%，1978 年为 94.0%，1991 年为 97.8%，1999 年达到 99.1%。据 2002 年《中国教育绿皮书》介绍，2001 年全国学龄儿童入学率为 99.05%，小学辍学率为 0.27%，初中阶段毛入学率达到 88.7%，初中生辍学率为 3.12%。已有 2 573 个县级行政区划单位达到“两基”验收标准，人口覆盖率达到 85% 以上。进一步抓好农村基础教育，可以使农村少出甚至不再出新的文盲。

2. *农业职业教育稳步发展*。农业职业教育是指使农业劳动者与后备劳动者获得现代农业知识与学会农业生产或工作技能技巧的一种教育。包括农民职业教育、农村职业教育和农业职工职业培训等形式，是培养农业专业技术人才的主要渠道（《新时期中国农民职业教育体系发展研究》，中央农业广播电视学校课题组 2002 年）。我国古代农业技术在世界上属于先进水平，但是由官方兴办的农业技术教育却到 19 世纪末才开始出现。1897 年浙江杭州知府创办了浙江蚕学馆，可以说是我国第一所农业职业教育机构。我国的农业技术职业学校分为初等、中等、高等职业学校教育。职业培训包括从业前培训、转业培训、学徒培训、在岗培训、转岗培训和其他职业性培训。我国职业教育的稳步发展，已经初步形成了多部门、多层次、多形式、多途径、多学科、多功能的农业职业技术教育培训体系，为农村培养了大批技术人才。目前我国拥有普通高等农业院校 64 所，农业中专 365 所，各类农民职业教育学校 47.5 万个。农业部所属的中央农业广播电视学校是一支专门从事农民教育的力量，创办于 1980 年，到目前已经形成比较完备的现代农民教育培训体系。以中央农广校为龙头，38 所省级校、330 所地级校、2 408 所县级分校、23 000多个教学班和 4.5 万多名专兼职办学人员构成了五级办学体系和网络。开设有种植、养殖、农业经济管理、农业工程等多种门类 46 个专业、109 门全国统开课程。到 2001 年各级农广校已累计招收中专生 340 万人，毕业 240 万人，单、多科结业学员 146 万人，联办大专招生 28 万人，开展农民实用技术培训近亿人次。使农民在不离乡、不离岗的情况下就可以接受职业教育。

*3. 农村成人教育培训工作蓬勃开展，已成为农民提高科技素质的主要形式。*我党对农民教育历来非常重视，从革命根据地就开始抓农民教育。由于当时农民的文化水平很低，多数农民目不识丁，所以全国解放以后在农村广泛开展扫盲和文化补习。为满足国家建设和农村发展的需要，扫盲和文化补习工作不仅培养了一批新中国的建设者，还培养了一批农村干部。现在我国的农民成人教育已经形成多种形式，教育、科技、农业等部门开展的农民教育主要有四种：①教育部门举办的农民中学和农民技术培训学校。到 1997 年全国共有农民中学 3 944 所，农民初等学校 192 564 所，农民技术培训学校 443 691 所，共招生 7 150 多万人。②广泛开展科教兴农，科技下乡活动，科技部门的“星火计划”在农村科技推广和农民培训方面发挥了重要作用。“星火计划”是指我国科技部门以在农村实施科技项目推广为宗旨的农村科技发展活动。其寓意为“星星之火，可以燎原”。为农村培养科技人才，是星火计划工作三大任务之一。从 1985 年开始实施，到 1998 年底，累计培训农民技术员、管理人员和师资 4 000 多万人次，累计培训农民 58 000 万人次。③以“绿色证书”为主体的农民技能培训。1990 年，农业部在借鉴发达国家农民技术资格证书制度的基础上，总结北京大兴县的经验，开始在全国实施“绿色证书”制度试点。绿色证书是指农民达到从事某项农业

技术工作应具备的基础知识和技能要求，经当地政府或行业管理部门认可的从业资格凭证。具体要求是每个学员要学习5门课程，300个学时，劳动实践1年，经过考核合格后发给由农业部印制的绿色封皮的证书。从1990年开始试点，到2004年，全国已有2 073个县开展了绿色证书培训，累计培训农民2 042万人，有887万农民取得了绿色证书（《农民日报》2004年10月18日）。④农民扫盲运动成效显著。从1949—1998年，我国累计扫除文盲2.06亿，使我国农村劳动力的文化水平有了明显提高。1985年我国农村劳动力中文盲或半文盲比重为27.87%。到了2002年，这一比例下降到7.4%。

（二）目前我国农村教育存在和面临的主要问题

经过新中国成立50多年来的发展，我国的农村教育所取得的成绩是有目共睹的。国家教育发展研究中心课题组对国际上人均GDP800～10 000美元的40个中等收入国家的基础教育情况进行了分析，在学前教育毛入园率、小学毛入学率、中学入学率和义务教育年限的平均值分别为42%、93%、67%和8年。尽管我国按人均GDP刚刚进入低水平的中等收入国家行列，但我国的基础教育除学前教育毛入园率为28%，低于中等收入国家平均水平外，其他指标均高于中等收入国家平均水平。但也应当看到，我国农村目前的教育状况还远远不能适应农业现代化发展的需要，而且教育本身也还存在一些亟待解决的问题。主要表现在以下几方面：

1. 农村教育和培训工作缺乏统一的领导，缺乏与农村社会经济发展紧密结合的教育发展规划。目前虽然教育部门、科技部门、农业部门、劳动部门都在开展农村的教育和培训，但相互缺乏配合，都是从本部门的工作出发，却很难做到大家都从农民的实际需要出发，从提高农民的整体素质出发。再加上许多政策不配套，有些政策对农民的歧视，比如城市的教育经费全部纳入国家的预算，而农村的教育经费却要由农民出钱。城市工人失业可以享受免费的技术培训，而农村的剩余劳动力却只能自己花钱参加培训。这些都严重影响了农村教育培训工作的开展。

2. 农民教育培训工作缺乏明确的目标，即作为一名现代化的农民应该达到什么标准。目前我国的农民教育工作虽然是多家参与，但是效果并不理想。教育资源分散，教育内容零乱。一些根本不具备条件的办学单位，在经济利益的驱使下，却积极地办班、发证、收钱。虽然农民肯花钱接受专业技术培训，但是基础知识的培训就没有人热心了。同时作为现代农民的培训基础知识应该会哪些，专业知识应该达到什么水平，都没有系统的安排和设计。

3. 农村教育与提高农民素质脱钩，农村教育与农村发展脱钩。主要表现在：农村的正规教育主要是为高考升学服务的“精英教育”，即使是初中毕业，甚至高中毕业，对农业和农村的知识也是一窍不通，是一种功能性文盲。但是，如果没有考取大学，农村的学生只能回家务农，还要从头学习农业知识。广大农民需要的是与其生产经营密切相关的成人教育，但是教育部门的精力基本是放在正规教育上，即使是农业院校也是在城市里教学。

4. 九年义务教育在农村地区落实得不好。义务教育的概念是我国翻译过来的，其中的原意有强制的意思。但是目前对“义务”的理解和实践上还存在很大的随意性，缺乏法律的强制性。首先是农村的教育经费原来是民办公助，后来改为以区县负责，造成经济落后地区教育经费不足，乱收费现象严重，使一些家庭困难的孩子得不到教育的机会。其次是在我国的传统观念中，重男轻女十分严重。特别是在农村，女孩的教育权利往往不受重视。家长就可以决定女孩是否接受教育，这种违法观念和做法却被认为是正常的，无人过问。反映到历年来小学入学率上，在过去的 10 年（1992—2002 年）间，男孩小学入学率一直高于女孩。到初中阶段这一现象更严重，根据 2000 年人口普查资料，我国农村小学年龄段（8～13 岁）在校女生人数占该年龄段总人数的 83.29%。在校男生人数占该年龄段总人数的 83.56%。两者相差 0.27 个百分点。而到初中阶段（14～16 岁）这一比例的差距就上升到了 4.65 个百分点。而现在国际公认的看法是应该特别重视女孩的教育。因为女孩对未来下一代的教育比男人重要。

5. 农村教育的管理体制与投入效益机制相背离，教育经费得不到保证。教育经费是教育事业发展的基础。它的保证程度与国家经济社会的发展水平和对教育的重视程度密切相关。我国属于发展中国家，5～14 岁的儿童占总人口的比重达到 19%，而一般发达国家这一比例只有 12%～13%。加之我国人口基数大，使得我国义务教育的压力比发达国家要沉重。但是相对教育的任务，教育经费实在是捉襟见肘。比较各国教育经费的投入水平一般看教育经费占 GDP 的比重。据《中国教育绿皮书》提供的数据，1970—1991 年世界各国教育经费支出总计已由 1 712 亿美元增加到 11 191 亿美元，教育经费占 GDP 的比重一直保持在 5%以上。其中发达国家教育经费占 GDP 的比重从 1975 年的 6.4%下降到 1991 年的 5.3%。发展中国家教育经费投入水平虽然低于发达国家，但是已经明显提高。1970 年，发展中国家教育经费占 GDP 的 2.9%上升到 1991 年的 4.1%。而我国 1991 年教育经费占 GDP 的比重仅为 3%，总额不到世界教育经费总额的 1%，而接受教育的人口却占世界受教育人口的 22%。再加上我国城乡二元结构的社会经济环境，农村教育经费短缺更显得尤为突出。由于教育经费短缺，已经严重影响农村教育的健康发展。首先是欠发教师工资的问题非常严重。据统计，截止到 2000 年 4 月，全国除北京、天津、上海、浙江、西藏没有拖欠教师工资以外，其他 26 个省、市、自治区共拖欠教师工资 135.65 亿元，极大影响了教师的正常生活和教学工作。其次是影响农村学校教学工作的正常开展。一项调查显示，农村小学中按教学大纲开齐所有课程的只有87%，课桌椅残缺不全的占37.8%，购教具、墨水、纸本、粉笔资金不足的占32%。农村初中按教学大纲开出所有课程的占20.8%，课桌椅不全的占45%，实验教学仪器不全的占70.3%，教学或办公室有危房的占28.8%（杜育红2000年）。第三是使一些地区或学校转嫁经济负担，向农民收费或变相收费，加重了农民不合理负担，改变了义务教育的性质。国务院发展研究中心的调查显示，目前我国农村义务教育的投入，乡镇负担78%左右，县财政负担9%，省地负担约11%，中央财政只负担2%。而县乡两级负担的87%基本来自农民。

造成目前我国农村教育经费严重不足的原因，首先是经济发展的总量不足，国家和社会的财力投入到经济领域需求较大，投入教育和其他部门的财力就不会多；其次是目前的财政政策是有利于中央财力集中、有利于城市的政策，教育综合改革坚持“以县为主”的管理体制。实际上我国目前大部分县级财政保证“吃饭”就已经非常困难，客观上无力扩大教育投入；第三是按照人力资本理论，教育投入的收益主要是国家和受教育者，县以下地方财政教育投入越多，教育质量越好，考上大学的人越多，而大学毕业的学生很少能回来为地方经济发展效力，特别是偏远的经济欠发达地区。对地方上来说这种情况实际是人力资本的流失。投入主体与收益主体的错位是影响投入动力不足的主要原因。因此，“以县为主”虽然比过去主要依靠乡镇筹措会有些缓解，但不会解决根本问题。

6. *农村教育的管理体制与农村发展的新形势及农民培训的繁重任务很不适应。*面对日趋激烈的市场竞争，面对农村剩余劳动力的转移，面对农村现代化的发展目标，都需要加强对农民的教育。1999年联合国教科文组织在韩国汉城召开的职业技术教育第二届国际大会，会议的主题是“终身学习与培训：通向未来的桥梁。”农村的职业教育与技术培训直接关系到农村的发展。

根据1996年9月1日起施行的《中华人民共和国职业教育法》的规定，“国务院教育行政部门负责职业教育的统筹规划、综合协调、宏观管理。国务院教育行政部门、劳动行政部门和其他有关部门在国务院规定的职责范围内，分别负责有关的职业教育工作。”通过几年来的实施情况看，虽然我国的职业教育有了很大发展，但仅就农村的职业教育来看，发展进程远不能适应农村发展和农民致富的需要。首先是国家教委作为职业教育的主管部门，重点明显放在正规教育上，对农村的职业教育作为不大。在一年一度的中国教育发展报告中只能一带而过。各级农业部门作为农村职业教育的责任部门，也不具备能力，县乡以下的农业推广部门成为每次机构改革的对象，更是自身难保。二是农民职业教育培训的硬件条件薄弱，无法满足教育培训工作的需要。三是农村现有的教育资源缺乏有效的整合。经过几十年的发展，我国农村教育体系已成规模，但在相当一些地方由于计划生育和人口迁出，生源减少，不少农村中、小学招生困难，教育资源出现相对富余。但同时农民的职业教育和技术培训又缺少办学条件。四是目前农民的流动性较大，农村的基层组织有些又比较薄弱，原来的组织方法有待创新和完善。

7. 超小型的经营规模影响了农民学习科学文化知识的动力。我国虽然号称国土资源辽阔，但户均经营土地面积只有0.5公顷，再加上实行按人分地的经营方式，使得我国农户土地经营规模可能是世界上最小的。人们都说日本、韩国人多地少，但仍然比我国农户的经营规模大。据《中日韩农业现代化比较研究》一书（中国农业出版社2002年）提供的资料，日本农民户均经营耕地1.49公顷，韩国农民户均经营1.26公顷，分别是我国农民户均经营规模的3倍和2.5倍。农业经营规模的超小型化，一方面造成劳动力的不充分就业，劳动力为保持预期收入，只能采取兼营非农业。而且往往兼业收入高于主业收入，作为经营者来说主要的精力自然会投入非农项目，没有兴趣再学习农业技术。另一方面对于超小型的经营规模,会造成任何投资的不经济,自然也包括学习农业技术这样的人力资本投入。当前农民学习技术积极性较高的都是以农业经营为主的专业户或从事多种经营项目的。

8. 我国目前推动农民提高科学文化素质的政策环境还很不完善。首先是在国家对农业的投入上，对农民教育的支持政策力度不够，财政支农资金项目的重点仍是农田基本建设。农民教育这个农业的人力基础工程主要还是依靠农民个人出钱完成。其次是在农民就业的政策上，没有对素质要求的“门槛”，没有对高素质的承认。从事农业经营不分素质如何，都可以参加。农业成了低素质劳动力的收容所。即使外出打工也不管素质多高，都是按农民工看待。客观上也会挫伤农民学习文化知识的积极性。

9. 城乡之间、地区之间教育差距巨大，农民在享受教育的权利上得不到与城市居民的同等待遇。首先反映在教育经费上。由于城市的教育是国家办，而农村教育是“民办公助”，因此投入实力完全不同，城乡教育资源条件相差很大。以2002年为例，全国普通小学生均预算内公用经费支出为60.21元，农村普通小学生均预算内公用经费支出为42.73元。普通中学生均预算内公用经费支出全国和农村的数字分别为104.21元和66.58元。其次是由于招生政策的限制，农民子女学习成绩再好也不能享受城市里优越的教育条件。再加上农村生源在高校招生的录取分数线都要高于城市生源，致使农村人口的受教育水平大大低于城市人口。据2003年5月7日《光明日报》刊登的《农村教育与小康社会》一文介绍，2000年，我国每10万人口中城市与农村各种受教育程度人数数量比是，具有大学文化的城市是农村的18倍，具有高中文化的城市是农村的4倍，初中城乡基本接近。全国农村劳动力的平均受教育年限为7.33年，相当于初中一年级的文化程度，而城市劳动力的平均受教育年限为10.2年，相当于高中一年级的文化程度。2004年6月5日新华网的数据反映，2004年的高考有一个显著特点，是农村考生达到报名考生总数的55%，首次超过城镇考生。但是与占全国人口80%的农村人口基数相比，仍反映出农村学生能够进入大学的机会要比城市学生低得多。

四、健全完善农村教育体系，提高农民文化科技素质

教育培训和科技推广是提高农民素质的重要途径。而建立和完善符合我国国情，面向农业、农村、农民的现代教育体系，则是实施教育培训和开展科技推广的重要基础。在今后一个相当长的时期内，要统筹抓好正规教育体系、农村成人教育体系和农村科技推广体系建设。

（一）农村正规教育体系建设

1. 提高农民现代化素质要从娃娃抓起，夯实9年义务教育基础。其重要意义，第一是切断新生文盲的产生渠道；第二是为进一步提高农民文化素质打下基础。因此首先要保证农村孩子人人享受基础教育的权利。据《2002年中国教育绿皮书》的数据，2001年学龄儿童入学率为99.05%，意味着尚有近1%的学龄儿童没有上学，可能会加入文盲的行列。此外，初中阶段毛入学率88.7%，这意味着将有近12%的小学生不能完成9年教育目标，再加上初中阶段辍学的3.12%，会有近15%的学生无法实现9年教育目标。还有一个值得关注的问题是随着农民进城务工而出现的2 000万流动儿童的教育问题。据国务院妇女儿童工作委员会办公室等单位对9个城市的调查，8～14岁（九年义务教育的关键阶段）流动儿童中没有上学的占15%。如果按此推算，全国将有300万儿童没有享受到义务教育。无论这些新的文盲是滞留在城市，还是倒流回农村，都将是严重的社会问题。问题主要出现在城乡二元结构上，国家把教育的义务都下放到基层，但农村学校无法享受到城市学校的教育资源，就是所谓的农村教育实

行民办公助。困难的地方没有办学能力，学校就得不到经费，就向学生伸手收费，使经济困难的孩子被挡在校外。正如朱镕基同志所说："现行基础教育体制最大的问题，是既无法保证义务教育经费的稳定来源，又为乱收费、乱摊派敞开方便之门，造成农民负担过重。"解决的办法首先是理顺教育经费渠道，义务教育的经费应主要由国家财政拨付。只要学龄儿童不是因为身体原因不能入学，政府就要给他们提供上学的条件。其次是在中小学教材中，增加农业知识常识和参观、实习等活动，特别是农村地区的学校，培养学生了解农业、热爱农业的兴趣，提高学生掌握农业基础知识的能力。第三是在广大农村地区积极创办职业高中，对初中毕业没有升入高中的学生和高中毕业没有升入大学的学生，继续留校学习农业技术和农业管理知识，经考试合格后才能毕业。

2. 坚持面向市场、面向就业的原则，大力发展农村职业教育。对于农村来说，应该扩大职业高中、普通中专、技工学校的招生，保证没有考上大学的生源全部经过专业技术学习，通过农村职业教育的学生要成为农民的骨干力量。农村的生源与农业和农村有着天然的感情联系，国家可以恢复对农业职业教育免费，对学生生活费补助的政策，吸引农村生源报考农业院校。特别是可以为学习成绩好，但是家庭没有经济力量供应大学费用的考生提供学习深造的机会。在一些经济不发达的地区，不再升高中的生源较多，一时不能提供职高、中技、技工学习的条件，可以采取初中改成3+2的学制。即初中毕业以后，对不再升入高中的再继续学习2年，主要学习农业与农村发展所需要的专业知识。这2年的专业学习除了继续享受义务教育政策以外，还应该给以一定生活补助，防止因生计困难提前流入社会。

（二）大力发展针对农民的成人教育

农民成人教育是在农民结束正规教育以后，根据经营和就业的需要，继续参加业余的电大、夜大、函大和农业广播学校等学习。农业技术推广和岗位培训等非正规教育活动也属于成人教育。成人教育在教学方式上更适合成人的特点，学习内容的针对性更强，是尽快提高我国农民的科学文化素质的关键。

1. 构筑农民终身教育工程。随着我国农村工业化、农村城镇化进程的加快，对农村劳动力的素质提出了更高的要求，要使农村劳动力跟上时代发展的步伐，就必须建立终身教育工程。终身教育是针对所有农民的，要适应不同文化基础的教育对象。因此农业部门与教育部门要密切合作，制定出系统的农民成人教育规划，并积极推动农民教育法律法规的制定。要明确规定各级政府和农业主管部门以及城乡农民工的用工单位在农民教育培训工作中的职责和任务，积极创造条件，共同实施好农民终身教育工程。农民终身教育工程应包括：农民的扫除文盲、从业资质证书（如绿色证书）、转岗就业以及农民专业技术教育等。要解决好几个关系，一是农民成人教育与正规教育的关系；二是农民在职教育与劳动就业的关系；三是提高农民综合科学文化素质与提高其生产经营技能的关系；四是教育部门、农业部门与乡村两级组织的关系；五是社会推动与农民主动要求的关系。

（1）农民成人教育与正规教育的关系。成人教育与正规教育实际在目标上都是使受教育者增长知识，但是当前在我国这两种教育在制度上存在很大差异，而且正规教育是由教育部门负责，而成人教育则有各有关部门共同参与进行的。为了加强农村成人教育，今后要进行五个方面的改进：一是统一主管部门，确定国家教育部是唯一主管部门（部内应设专门的农民教育司）；二是统一制定现代农民教育制度。在学科设置上分为现代农民的必修课程和选修课程，必修课程不分南北都要学习，选修课程可根据地区不同、从事行业不同、考核等级不同自由选择。每个学科结业考试合格可获取一定学分，达到一定的学分数可认定为相当正规教育的某级学历。三是农民通过成人教育取得的学分，正规教育系统予以承认。农民可以根据自己的意愿和已经取得的学分，申请参加国家正规教育相应学科的相应年级学习，或申请考取学位。四是国家正规教育涉农类院校招生，除去考生的考试成绩合格外，应该增加具有1年以上的务农实践经历。五是在农民成人教育经费上，与正规教育统筹安排统一政策。农民参加基础文化教育和参加政府举办的“新型农民科技培训工程”可以享受免费政策，参加其他社会机构的专业技术培训，可以根据取得的技术等级证书得到国家的费用补助。

（2）农民在职教育与劳动就业培训的关系。从本质上说，农民的在职教育与就业培训都是为了提高农民的科学文化素质，而科学文化素质是影响就业的根本原因，但是在农民教育中，两种教育还是存在很大区别。在职教育是那些已经在农业就业的农民为了进一步提高学识的进修，通过进修不仅可以使农民更好地承担现在的职责，而且很可能承担更高的就业岗位。当前农民就业压力非常大，就整体而言迫切的任务是抓好农民的转岗就业培训。但是对部分人群（如农村干部、农村技术骨干等），部分地区或从农民教育长远发展看，在职教育将成为主要形式。

（3）提高农民综合科学文化素质与提高生产经营技能的关系。农民教育要紧密结合农村和农业生产经营的所需所用，提高农民的生产技能和经营管理水平，加快农民致富步伐。但是应当看到，农业与农村现代化对农民的要求不光有生产技能，而且需要综合素质的提高。特别是在经济信息化、全球化迅猛发展的情况下，农业的生产经营也越来越多的需要信息资源与文化知识的投入。

（4）认真处理好教育部门、农业部门和乡村社区组织在农民教育中的关系。在新型的农村教育体系中，各级教育委员会是农村教育的主管部门，农业部门以及其他有关部门应该积极配合教委加大农民教育的发展力度。乡村社区组织作为农村的基层单位，具有农民教育组织管理协调的优势，可以成为农民成人教育的组织者，在教育部门的领导下，积极整合农村教育资源，兴办多种形式的农民教育培训。

顺义“三高”星火培训基地举办知识讲座现场

（5）解决好农民教育的社会推动与农民主动性的关系。通过前面的分析数据，已经能够证明农民教育不仅有很好的社会效益，而且对受教育者个人也有明显的经济效益。因此，国家、社会和农民个人都会有对农民教育投资的积极性。对农民教育的投资可以实行分级负担、多方筹集的政策。国家财政、乡村社区、企业和农民个人可以根据培训的内容，分别承担一定的经费。要使这种积极性变为实际行动，还必须有政策的激励和约束。这包括对教育机构的支持和奖励政策，对农民的从业准入和教育补贴政策等。

2. 整合农村教育资源大力改善农村成人教育条件。我国农村成人教育多年来有了一定的发展，但是基础设施建设没有太大改善，除去社会培训教育机构有一些低水平的场地，从上到下没有专门用于农村成人教育的校舍，更没有专职的教学师资。机构、场地和师资是搞好农村成人教育的基础。同时广大农村地区又由于学生减少不得不撤班并校，出现师资、校舍富余的现象。在多数地区都可以充分利用这些教育资源举办农民学校。原来的教师可以经过进修作为农村成人教育的师资。有条件的地方，应该在农村教育投资中，加大成人教育投资，建设适合成人教育特点的教学设施。应该达到村有学校，乡镇设农村成人教育中心，市、县设农民成人学院。在地广人稀的偏远地区，没有条件兴办学校的，可以积极发展远程教育系统，通过多种传媒开展函授教学。

贵州榕江县组织农民通过远程教育学习致富知识（原载《农民日报》2004年9月27日）

3. 改进农村成人教育的内容。由于我国的农民是一个身份的概念，是指被登记为农村户口的人。如果从就业分析可以分布城乡的一、二、三产业。从发展看，未来的农民要完成两大转移：大部分从第一产业向二、三产业转移；从农村向城镇转移。

因此农民的成人教育要实现两大目标，一是把传统的农民培养成现代农民，二是把传统的农民培养成现代市民。根据上述分析，发展农民教育的指导思想应该是教育要为农村经济社会发展服务，我国的农民教育内容的安排要注意满足农村经济发展和社会进步的需要；农民教育应该为农民的全面发展服务，安排的学习内容要满足农民事业发展和劳动就业的需要。由于我国农民具有不同的文化基础，不同的就业条件，会有不同的需求；同时全国天南地北，经济社会具有不同的发展水平，产业结构各不相同，农民对教育内容的需要也各不相同。因此，国家不要对农村成人教育的教学内容统得过死，必须要因人施教。可以分为两个层次、多项内容：

第一个层次是对每个农民都需要了解和掌握的基础知识和技能的教育。至少应该包括以下几方面：①思想政治理论知识类。重点是开展爱国主义、集体主义和社会主义教育，开展党的基本路线教育和社会主义思想道德教育；②文化知识类。针对目前农村劳动力的文化水平不断提高的实际情况，农民的文化教育的内容也要提高和扩展。重点要从文化性扫盲教育向功能性扫盲转移。围绕农民在现代生产和生活中遇到的知识问题，开展学习教育。比如学习社会主义市场经济理论，还应该开设现代交流必需的工具——外语和电脑知识课。同时还有应用文化知识，如经济合同文本的起草、信函的书写等；③法律常识类。为了规范新时期农民的经济社会行为，使农民能够依法行使自己的权利义务，应该了解必要的法律常识。一类是农民作为国家公民必须了解的，如《中华人民共和国宪法》、《刑法》、《民法》和《经济合同法》以及新颁布的《道路交通安全法》。另外是涉农的有关法律法规，如《土地法》、《农业法》、《农村土地承包法》、《村民组织法》；④农业基础知识类。农村种植业、养殖业、农产品加工业、农业企业经营管理以及农业机电设备的维修保养知识等。此外，要向农村干部群众开展农村合作经济基础知识的教育，培养他们的合作思想；⑤为了丰富农民文化生活，提高农民的健康素质和生活质量，开设文化卫生知识和现代生活方式所需的知识。如家庭安全用电、正确使用家用电器，戏曲、舞蹈、书画和针对新婚妇女开展健康卫生、烹饪技术、裁剪技术的培训。

第二个层次是为满足农民事业发展和自身提高的特殊需要，可以分别开设以下教育内容：①为了促进农村富余劳动力的转移，可以根据劳动力市场的需求和用人单位的要求，开设非农就业知识；②农业专业化生产所需要的专业知识和技能，如蔬菜、果树的栽培与管理；③面对农村社区和企业干部需要的现代管理知识；④与正规教育接轨的农民高等农业教育。

4. 深化农村改革，培育有利于推进农民教育的外部环境。首先是在坚持完善家庭承包制度的基础上，通过促进农村土地的流转扩大家庭或农业企业的经营规模，培养和选拔农业经营者队伍，创造农业经营者的教育需求；其次是建立农民教育经费的投入机制，形成以国家投资为主，用人单位和农民个人共同负担的新机制；第三是建立农村劳动力农业经营准入制度。不是经过农业教育并达到一定水平的人不能从事农业规模经营和担任农业企业负责人；第四是建立完善农民教育体系，该体系要以农业院校为龙头，以乡镇农村文化科技中心为依托，以农村社区为单位建立新农民学校，辅助建立农村社区图书馆和阅览室。为了对加强农民教育事业的领导，要建立有政府、农业、教育部门和乡村干部参加的农民教育委员会。委员会的职责就是协调各方关系，组织实施农民教育工作。

5. 突出重点，整体推进，科学制定农民教育战略。我国的农民是世界上最大的农民群体，如果想要在很短的时间里，实现农民素质明显提高是办不到的，必须坚持循序渐进不断提高的原则。同时，更主要的是在农民教育的资源不足的情况下，不可能所有的农民，所有的教育内容齐头并进，而应该采取重点突破的战略，即首先抓好重点人群的教育培训，带动和推动农民的整体进步。所谓重点人群就是对推广应用新技术，倡导科学文明新风尚影响最大的那些人，如农村干部、农业技术员、农业企业的负责人、农村专业户以及年轻的母亲。我国有些地区提出要培训好四支高素质的队伍：培训一支干部队伍、培训一支农民企业家队伍、培训一支农业技术员队伍、培训一支新型农民队伍。其次是在系统学习培训的基础上，重点抓好对农业生产经营、农村经济发展和农民健康素质影响最大的关键技术和科学知识。比如在农业生产中如何提高农产品质量，在市场竞争中的营销策略以及农民生活中的卫生防疫知识等。母亲是人生的第一位老师，具有较高文化素质的母亲不仅可以使儿童受到早期教育，而且可以创造卫生、和谐的家庭环境，有利于儿童甚至所有家庭成员的身心健康。

（三）加强农村科技推广体系建设

农业科技推广是农民教育的重要形式，是课堂教育的延伸。但是长期以来，我国人为的把农业教育与农业推广割裂开来，再加上近年来农村科技推广体系“人散网断”，使得大量新技术被束之高阁。按照农村现代化发展的要求，简单的恢复原来的四级农业科技网络不仅难度很大，而且也不能适应新形势的需要。必须在体制上创新，技术上维新，知识上更新。

1. *农村科技推广体系的创新。*加强农村科技推广体系建设首先要理顺体制，把农业科技推广事业统一放在农业院校的推广部门，农业部门负责提出任务、提供经费和检查监督。根据各院校的所在区位，确定其负责的科技推广区域。每个区县把原来的农科所建设成当地的农业科技推广服务中心，中心应当具备农民技术培训基地和农业技术示范基地。原有的科技人员经过考核合格可以继续从事推广服务工作。考核不合格但是有一定的科技文化基础而且年龄不大的人员，安排到农业院校进修，毕业后充实到基层科技推广机构。重要的是要加大农业院校招生的比重，为农村科技推广事业输送新生力量。乡镇成立农业科技推广站，可以与农民教育学校合并设置。科技推广站不仅负责全乡的科技服务，还要管理乡镇的农民教育工作。

2. 加强农村技术推广示范基地的建设，引导农民靠应用新技术提高生产经营效益。“榜样的力量是无穷的”，开展技术培训必须与示范引导相结合才能收到理想的效果。应该做到乡镇结合本地需要建立专项技术示范基地，区县结合本地需要建立综合性科研示范基地。乡镇的专项技术示范基地的主要职能是配合新技术、新品种的推广进行先期实验示范。基地除去具备实施种、养实验项目的条件外，还应该具备定期培训农民的教学条件，尤其是远程教育系统等现代技术手段。区县的综合示范基地应该是乡镇示范基地的技术支持、示范管理和教育基地。其职能包括技术推广项目的审定，本地农业技术难题的攻关，乡镇技术推广人员的培训，远程教育的教学组织等。

农业技术推广示范体系是政府为农民提供的公共产品，具体是在农业院校的管理下，承担科技推广任务，因此农业部门要根据推广任务的需要，拨付技术推广事业经费。农业技术推广机构向农民提供的技术服务一般应该是无偿的。服务包括两个方面，一是基地按计划开展示范、培训活动。推广计划的制定，培训内容的选择要充分征求农民的意见，紧密联系当地农村的实际需要。二是对个别农民的特殊需要提供技术咨询，解决农民生产生活中遇到的技术难题。

（四）吸引农民参与农村发展和科技进步

提高农民运用科技知识的能力以及公共意识、合作精神。农民教育培训的目的是提高科技知识水平，但是一定要把这项工作与农村发展紧密结合起来，而且要提供使农民应用科技知识和参与农村发展的机会、舞台。具体可采用以下几种形式：

1. 项目公开。政府农业主管部门可以把准备在农村推广的新技术、新品种的项目信息在社会公布，公开征集示范试验农户。经过农业推广专家的评估确定的入选农户，可以得到推广技术指导和经费的帮助。这样的示范户在农民中可以真正起到带动作用，而且成本不高。

2. 学习交流。可以把农民按所学专业分成若干学习小组，定期组织以小组为单位的学习交流活动。有条件的地方可以选择承担推广试验项目的农户作为基点。这样一方面能够加深对所学知识的理解，另一方面也可以弥补个别听课的遗漏。

3. 经验介绍。为了推广应用农业新的品种或农业新技术，除去教学示范以外，还应当组织农民到已经应用的农户参观，请应用效果好的农民介绍经验。这样可以把农民引导到自主决策的过程中，提高课堂教育的效果。让农民自己看，自己听，种不种自己定，会收到很好效果。

4. 效益评价。在很多情况下，农业技术应用的效果都是由专家和领导部门来评价，实际上技术效果的好坏，应用的农民最有发言权。可以把农民组织在一起，让大家用自己的体会和效果来评价技术的效益。这样可以提高评价的客观性和真实性，同时还可以提高农民对推广使用新技术的积极性。

5. 共同管理。农村的教育和技术推广事业虽然是政府的职责，但更重要的是农民自己的事，因此必须吸收农民自主地管理农村科技推广事业。有些科技推广项目可以采取招收志愿者的方式由农民承担，有些具体的工作也可以交给农民去完成。农民技术协会是新时期农民自我教育、自我服务、自我管理的好形式，应当积极发展。

6. 参与决策。农村科技推广计划的制定，农业新品种新技术的确定，以及如何组织农村的科技推广工作，推进农村科技进步，可以广泛听取农民的意见，让农民有选择的权利，有建议的权利，这样不但可以提高决策的科学性，更重要的是使农民从参与决策的过程中，逐步摆脱“自扫门前雪”的小农意识，树立公共观念和主人翁意识。

（五）全社会都来关心农民工教育

当前我国已经有一亿多文化高、年纪轻的农民离开家乡到东部沿海地区和大城市打工，他们成为我国产业大军的新生力量。但是具体分析一下，其中大部分可能会永远离开农村成为城镇居民，但是仍然会有相当一批年轻人在外面闯荡几年，学习一些本事回到农村干事业。他们可能是未来农村发展的骨干力量，是农村的希望。但是他们在外边打工期间的教育问题应该引起社会的重视。需要解决两个问题：一是谁来教学。中央农业广播电视大学可专门针对农民工开设农业和非农业的职业教育课程，供农民工自愿选择；二是在哪儿学。国家应该制定农民工的权益保护法，可以明确规定用工单位负责解决农民工的教育问题。分散务工的如家庭保姆，可以由顾主所在社区组织学习。要在社会上形成对农民工助学有责、助学光荣的风气，推进我国农民教育事业的发展。

农村教育要以农村社区为基础，但是要克服封闭性，体现开放性、社会性。要与国家的农业院校和科研单位建立密切的关系，从体制上实现产、学、研一体化，农民的成人教育与正规教育一体化，农民教育的目标与农村发展的需要一体化。

第六章　加强农村医疗卫生体系建设提高农民身体健康素质

具有健康的身体和心理素质是提高工作效率，提高面对社会经济生活复杂环境能力的基础，因此健康素质也就成为现代农民的重要标志。农村卫生工作关系到提高和保护农村生产力、振兴农村经济、维护农村社会发展和稳定，对提高农民健康素质、提高全民族素质具有重大意义。

一、提高农民健康素质的意义

以前，人们对健康的认识仅仅停留在减少病痛、提高生活质量和延长寿命等方面，现在随着人力资本理论的出现，对健康的投资与教育投资同样被看成是重要的人力资本投入。因此现在农民的健康状况的意义已经远远超出家庭和个人的界限，而成为重要的社会经济问题。

（一）健康的身体素质是实现农民预期收入的基本保证

增加农民收入，改善农民生活不光是农民个人的期盼，也是党和政府的经济社会发展的目标。在实际生活中，身体健康问题是影响农民收入的重要因素。首先是健康的身体可以使农民在比工人生产条件艰苦的环境下不断提高生产经营效果。我国农民虽然初步摆脱了“面朝黄土背朝天”的生产方式，但是如果没有好的身体，仍不能承受繁重的体力劳动。增加收入也是有心无力。其次是在农业就业不充分的情况下，健康的身体条件可以有更多的非农就业机会。因为任何单位招工都会把身强力壮作为重要条件。在很大程度上，就业机会就是农民增加收入的机会。对于经济不发达地区，政府通过对医疗卫生投资，向农民提供医疗卫生服务，是消除贫困增加收入的好方法。

（二）农民的健康素质是提高劳动生产率的基础

提高农业劳动生产率的意义不光可以增加农民创造的价值，更重要的是可以影响和促进国民经济结构调整和发展水平。农业生产，特别是现代化的农业，劳动生产率的提高，需要劳动者有较强的体力和智力。只有健康的身体素质，才能保证劳动者具有较强的体力和较高的智力。从社会的宏观层面分析，劳动生产率是社会总产出与劳动力数量之比。只要不是劳动力绝对大量剩余，所有因为健康原因造成的生产损失，都导致社会劳动生产率的降低。根据中国社会科学院人口与劳动经济研究所对我国贫困农村农民营养、健康与效率的研究成果显示，“几乎所有营养和健康方面都影响农村的劳动生产率，其中，营养摄入和疾病的影响最为显著。平均来看，卡路里拥有量每增加 1%，种植业收入会相应增加 0.57%；而家庭劳动力因病无法工作时间每增加一个月，种植业收入将减少 2 300 元。”

（三）健康的身体素质可以减少因为疾病造成的经济压力

农民一旦生病住院或在家养病，不仅自己和家人耽误工夫，而且数目庞大的医疗费用会对大多数农民家庭经济上造成危机。不少农民是由于疾病原因由富裕户变成贫困户。据内蒙古自治区的调查，农民贫困家庭中因病致贫和因病返贫的比例竟高达 65%。这种状况即使在经济发达地区也非常普遍。据北京市民政部门的资料，在北京郊区农户中享受政府救济的困难户中，因为身体残疾或常年患病的占绝大部分。

（四）农民的身体健康，可以保证家庭生活质量不断提高

农民的身体健康，可以保证家庭生活质量不断提高，有利于对子女的健康和培养教育，尤其是家庭主妇的健康状况对家庭的影响。有人对孟加拉国10岁以下的儿童作的一项调查发现，在母亲死后两年内的家庭，和母亲健在的其他家庭相比，男孩的死亡率高1倍，女孩可能为2倍。在我国农村由于父母残疾或早亡子女失教的例子也是很多的。在健全的家庭里，子女在父母的精心呵护下，心理和生理上都能够健康成长。而失去父爱和母爱，子女的成长会受到很大影响，有些孩子的性格会发生扭曲。

（五）提高农民的健康素质，对国家有着十分重要的经济意义

首先是农民增进健康可以带来经济效益。世界卫生组织正在低收入国家推行针对传染病和营养缺乏症的“基本干预措施”，每年可以救治800万个生命，预测可获得直接经济效益1 860亿美元。农民身体素质提高了，可以节约更多的资源用以投入到其他的经济发展领域。世界银行对印度的一项测算表明，在目前的传播方式下，每一个HIV阳性者每4年传染1个以前未被传染过的人。如果能够把传染速度降到每5年传染一个，7年后可节约7.5亿美元。其次是提高自然资源的利用程度。如在血吸虫病高发地区，河湖资源就会荒废。第三，如果不发生或少发生大的疫病，可以保证国民经济的健康发展。我国2003年发生的“非典”，社会和家庭不仅付出了大量的人力、物力、财力，而且使正常的社会经济生活受到严重影响，对于国民经济的健康发展造成很大影响。

（六）提高农民的健康素质有利于实现社会公平目标

因为相比之下农村的卫生医疗等公共产品享受的水平已经远

远低于城市地区。加强对农村的医疗保健投资才能缩小城乡差距和贫富差距。昂贵的医疗费用往往会使贫困的农民被医院拒之门外，享受不到及时的医疗服务。只有政府投资健康事业才能保证人人获得基本医疗的权利，促进社会公平。

二、影响农民健康素质的主要因素

我国解放后在党和政府的领导下，医疗卫生事业有了长足的发展，特别是广大农村，已经基本结束了缺医少药的历史。但是我们还应当看到，我们城乡之间、地区之间发展得很不平衡，影响农民健康素质提高的因素还不同程度地存在。现在虽然时间已经是2004年，但距离1978年世界卫生组织和联合国儿童基金会在阿拉木图会议上提出的“2000年：人人健康”的目标还有很长的路。主要表现在：

（一）经济因素

从国内外大量的事实都可以说明经济因素是影响农民健康素质的第一要素。经济上的因素不论是贫困还是富裕都可以影响农民的健康。

1. 经济贫困是造成农民体弱多病的罪魁。从国家的角度，经济发展水平会直接决定政府对健康事业的投入水平。据世界银行的资料，1990年已经建立市场经济的国家，人均医疗卫生开支1 860美元，而发展中国家人均只有41美元。卫生事业的投入会表现为国民公共福利的提高，可以提高社会对公民健康保护的能力。从家庭层面看，经济贫困首先是造成其成员营养不良，积劳成疾，有些农村学校因为营养不良造成的学生贫血比例竟达30％多；其次是由于经济贫困，患病得不到及时有效地治疗，也可能因小病最终丧失劳动能力或死亡。

2. 经济发展后带来的富贵病影响农民健康。经济原因影响健康的另一种情况是在经济的起飞时期，由于生活条件的好转，农民多数已经不愁吃喝，饮食结构发生变化以后，许多“富贵病”也随之而来。据2002年我国卫生事业公报的数据，目前农民患心血管病、糖尿病的比例与城镇居民已经旗鼓相当。

3. 掠夺式经营破坏环境严重影响农民健康。首先表现在掠夺性开发经营，造成资源环境的破坏，农民的生产生活环境恶化，特别是水土流失、水源的污染；其次是农民工生产条件差，特别是有些厂矿片面追求利润，劳动保护措施不落实。在目前发生的重大生产安全事故中死伤的人员，多数是农民工，但是工资待遇却是最低的。

（二）教育因素

现在受教育水平已经被公认是影响身体健康素质的重要因素。其中的原因就在于文化知识是接受卫生保健知识的基础，而且文化水平高的人懂得饮食营养、自我保健和远离不健康的生活习惯。特别是在文化基础很低的地区，教育对健康的重要性非常明显。世界银行的数据表明，在科特迪瓦，教育的改善对儿童的生存起到了非常大的作用，在1960—1980年间占获益的66%。政府有关部门如果在增加医疗卫生投资的同时，利用大众传媒向农民宣传卫生和健康保健知识，对农民提高健康素质是会有显著推动作用的。

（三）政策因素

政策是政府的行动依据。在同等经济发展水平下，不同的卫生政策和社会分配政策，会带来不同的国民健康水平。由于在许多情况下地方或政府的领导人对人民健康事业的认识程度的差异，直接造成对医疗卫生事业投入水平的差异。比如印度虽然也属于发展中国家的行列，但是由于执政者和国民的文化素质较高，比较重视健康事业，1990年GDP中用于卫生的比例高达

6%。分配政策则是保证社会公平的基础，贫富差距的缩小会有利于社会提高健康水平目标的实现。

（四）医疗条件

农村的医疗体系建设水平是决定农民健康状况的基础条件。我国在20世纪60年代按照毛主席“把医疗卫生的重点放到农村去”的指示，加大了对农村的卫生事业的投入，极大地改善了农村的医疗条件，特别是在防治传染病、地方病上，为农民摆脱病痛的折磨立下大功。对于广大农民来说，村级合作医疗制度的建立和为农村培养的接生员、卫生员和“赤脚医生”要比建大医院的作用还要大。近年来由于一些地方集体经济解体，村级医务室失去了经济基础，有些地方取消了村医务室，致使农民又回到缺医少药的困境，一些已经被消灭的流行病又卷土重来。根据2004年7月8日《南方周末》的资料介绍，已经在前些年送走的“瘟神”血吸虫病，2003年我国又发现84.3万人被感染。

（五）环境因素

农民的生产生活环境也是影响农民身体健康的重要条件。我国农村环境近些年已经有了很大改善，但仍有许多地方环境还非常恶劣，不利于农民身体健康。主要反映在：①农村的居住条件与城里相比更容易受到不可抗拒的自然灾害的侵袭，尤其是山区农村，容易发生洪水、泥石流等。②农村的环境卫生多数很差，特别是村级经济薄弱的地方，工业“三废”、畜牧养殖的粪便和农民生活垃圾得不到治理，成为滋生蚊蝇、污染水源的祸根，是造成农村痢疾、腹泻和肠道寄生虫多发的根本原因。③农民住所室内的环境影响。在农村很少有单独的厨房，大多数地区的农民就在住人的房间生火做饭，使得屋内常年烟熏火燎。这是引起儿童呼吸道感染，成年人肺病和癌症的原因。有些农村妇女不吸烟却患肺癌，罪魁就是室内空气污染。还有个别地方至今沿袭人畜同居的习惯，其危害健康的状况不言而喻。

（六）生活因素

农民在生活中的不良嗜好和不科学的饮食习惯对身体健康的危害也不容忽视。

1. 吸烟是人类面临最大的而又是可以预防的危险因素。我国目前有3.5亿吸烟者，占世界烟民的1/3。吸烟在农村是比较普遍的，尤其是男子，吸烟被许多人视为男子汉的形象。解放军总医院老年医学研究所教授何耀介绍：吸烟者患肺癌的相对危险度是不吸烟者的10～15倍；吸烟者死于冠心病的危险是从不吸烟者的两倍；与不吸烟者相比，吸烟者死于脑卒中的危险度高一倍；孕妇吸烟使胎儿和婴儿死亡率比正常不吸烟者高25%～50%，婴儿出生体重平均低于正常值200克；每天吸烟20支，可以使糖尿病危险增加一倍。据国际著名的咨询公司盖洛普公司1997年对我国开展的调查，中国吸烟的男人比女人多10倍。而这也恰恰是男人寿命低于女人的重要原因。世界银行发展报告提供的资料介绍，全世界每年有300万人的死亡是由于吸烟，而其中我国就占200万人。发展中国家得癌症致死的有30%是由吸烟引起的。包括肺癌、口腔癌、咽喉癌、食道癌、胰腺癌、膀胱癌和肝癌。有资料介绍，吸烟母亲生的婴儿，与那些不吸烟母亲所生的婴儿相比，出生时的体重平均约轻200克。我国的烟民数量居世界首位，据《北京现代商报》的数据，我国的烟民不仅没有减少，而且每年新增300万人，卷烟消费量已经达到1.8万亿支。可以说烟草产业的利润是烟民的生命换来的。而农民对这些没有认识，还陶醉在“饭后一袋烟赛过活神仙”的传统观念中。

2. 我国是常常以酒文化悠久自居的，但是喝“英雄酒”、喝烈性酒、劣质酒则是害己害人害社会。有关资料介绍，监狱里罪犯的50%、交通事故的40%、重病人的25%都与酗酒有关。前些年曾有人形容喝酒是“喝坏了党风喝坏了胃，喝得夫妻背靠背”。目前与酗酒有关的疾病已经影响全世界人口中的5%～10%。在全世界每年发生的200万与酗酒有关的死亡中，约有一半是因为肝硬化，有35%是因为肝癌和食道癌，10%是因为嗜酒综合症，5%是因为车祸。在巴布亚新几内亚，85%的严重车祸不是因为司机酒后开车就是因为与饮酒的行人有关。在北京市2003年发生的交通事故中，酒后驾驶死亡141人，占各种交通事故原因的第五位。

3. 一些地区不良社会风气抬头，由于吸毒、卖淫嫖娼带来的性病、艾滋病，正在由高发人群向普通人群传播，对农民健康的危害近年来呈上升趋势。

三、我国农村的医疗卫生事业发展的现状

虽然我国曾是世界上四大文明古国之一，中医药理论源远流长，但是在几千年封建统治下，却落得个“东亚病夫”的称号。中国共产党是代表中国广大人民根本利益的党，从建党初期，就关心人民群众的身体健康，但真正改变中国农民缺医少药的状况还是新中国成立以来的50年。

（一）提高农民的健康水平是我党的一贯的奋斗目标

早在1933年毛泽东同志在《长岗乡调查》一文中就指出：“疾病是苏区的一大仇敌，因为它减弱我们的力量。”新中国成立以后，他又提出“把医疗卫生的重点放到农村去”，应该说这一指示和后来农村合作医疗制度的建立，使我国农村的医疗卫生水平得到极大的改善。2003年党中央国务院做出《关于加强农村卫生工作的决定》，提出：做好农村卫生工作，保护和增进农民健康，是各级党委和政府义不容辞的责任。现在全国各地都在开展建立新型合作医疗的试点工作。党的十六大已经把提高以农民为主体的全民族的健康素质作为全面建设小康社会的奋斗目标之

一。建立适应新形势要求的卫生服务体系和医疗保健体系，着力改善农村医疗卫生状况，已经成为全国卫生工作的重点。

（二）合作化运动与农村医疗卫生事业

1958 年我国农村在乡镇级基本建立了医疗站，初步使农民摆脱了依靠民间郎中看病的历史。1965 年前后，在毛主席“把医疗卫生的重点放到农村去”的指示下，城市各大医院的医疗队上山下乡，不仅为农民治愈了大量疑难病症，而且有目的的为农村培养了大批半农半医（习惯称“赤脚医生”），不脱产在农村为农民提供医疗服务。以北京郊区的进展为例，1965 年基本实现村有卫生室、乡有卫生所，县有大医院的农村三级卫生网络。农民可以小病不出村，大病不出乡，看病十分方便。再加上当时实行中西医结合，又实行合作医疗制度，农民当时没有看不起病的。到 2002 年，全国县级医院 2 037 所，病房床位 33.1 万张，卫生技术人员 37.7 万人。县妇幼保健院（所、站）1 605 所。全国 3.9 万个乡镇设立卫生院 4.5 万个，卫生人员 106.5 万人。目前全国有 71 万个村设置了卫生室，占总村数的 89.7%，有乡村卫生员 129 万人。此外为了预防治疗影响我国人民身体健康的传染病和地方病，党中央于 1955 年成立血吸虫病防治领导小组。将流行最为严重、危害最大的血吸虫病、疟疾、丝虫病、钩虫病和黑热病列为重点防治对象。1960 年中共中央又成立了北方地方病防治领导小组，重点防治鼠疫、布鲁氏菌、克山病、大骨节病、地方性甲状腺肿和地方性氟中毒等。解放前我国有血吸虫病患者1 000万人，患有不同程度地方病人 3 600 万人，受地方病威胁的 4 亿多人。经过近 50 年的努力，到 2002 年我国血吸虫病流行县（区）427 个，已累计达到消灭标准县（区）253 个，年底实有病人 81 万人。地方病的防治也收效显著，全国克山病、大骨节病、碘缺乏症、地方性氟中毒等 4 种地方病合计流行县（区）4 959 个，到 2002 年已累计控制/消灭县（区）3 184 个

(表5)。2002年我国26种传染病发病率为18‰；26种传染病病死率为2‰，分别比1980年下降2‰和0.4‰。

表5　2002年我国地方病流行及防治情况

地方病名称	流行县（区）个数	累计控制/消灭县（区）	现症病人（万人）
克山病	325	256	4.15
大骨节病	353	186	82
碘缺乏病	2 963	2 514	789
地方性氟中毒（水）*	1 117	203	130
地方性氟中毒（烟）*	201	25	139

注：*（水）为饮水型氟中毒，（烟）为煤烟污染型氟中毒。

资料来源：卫生部卫生统计信息中心：《2002年全国卫生事业发展情况统计公报》。

（三）农民生活质量的提高，为身体健康提供了营养保证

农民的收入水平是影响健康素质的决定因素。决定作用主要表现在三个方面，头等重要的作用是收入水平决定为身体健康提供营养的水平。新中国成立50多年来，农民生活发生翻天覆地的变化，特别是1980年以后，农村实行家庭承包经营，同时改变了计划经济体制，使农村经济迅速发展，农民生活也随之提高。1978年我国农民人均纯收入133.6元，到1997年就达到2 090.1元，扣除物价上涨因素，增长了3.4倍。收入水平提高以后，农民的食品消费结构也随之发生很大变化。1997年与1978年相比，农村人均肉、禽、蛋、水产品的消费量分别增长了1.2、8.4、4.3和3.5倍。据世界粮农组织的资料介绍，1994年我国居民每人每天膳食提供的热量已超过世界平均水平，接近亚洲中等收入国家水平。

（四）我国农村医疗卫生事业发展存在的问题和面临的挑战

新中国建立50多年来，不可否认，我国的医疗卫生事业取得了长足的发展，但是也应该看到，按照科学的发展观来分析，

与农民享受良好的医疗保障的要求相比，还存在许多突出的矛盾和问题。卫生部党组书记、常务副部长高强同志指出，这些矛盾和问题主要反映在5个方面：一是卫生事业发展与经济社会的发展和人民基本需求相比还存在很大差距；二是公共卫生体系不健全，特别是疾病预防控制体系、医疗救治体系和卫生执法监督体系不完善；三是城乡之间、地区之间卫生事业发展不协调，卫生医疗资源布局不合理；四是卫生行政部门的职能定位不准确，履行职能不够有力；五是以人为本和"以病人为中心"的观念不够强（《中国卫生》2004年第5期）。全国卫生工作中存在的矛盾和问题反映在农村，尤为突出，农村医疗卫生事业的发展面临着更加严峻的问题和挑战。

1．农村医疗体系建设基础不牢。首先是作为农村医疗体系基础的村级医疗室，原来是建立在村集体经济的基础之上的，在实现家庭承包制以后，许多地方集体经济解体，村里拿不出钱，养不住人。有些只能由医务人员个人经营，原来以服务为目的的公共事业变成以赢利为目的的私人诊所。据《2002年全国卫生事业发展情况统计公报》的数据，在现有村卫生室中，由乡村两级医务人员联办和其他个体诊所达到34.8万个，占总数的49.7%。虽然对农民看病还能起到一些作用，但由于是以赢利为目的的，在享受不到集体的补贴的情况下，农民医疗支出相对增加，而服务水平相对降低。农村医疗体制改革的方向仍不明确，影响农村医疗卫生事业的发展。我国每千名农业人口乡村医生和卫生员数已经由1985年的1.55人下降到2001年的1.41人。基本上呈现逐年下降的趋势。而且农村医疗卫生人员的业务水平不高，专业知识缺乏。据《瞭望》周刊的介绍，云南省有些县的卫生系统10年没有进过本科生。乡镇医务人员中专以下学历的占90%；村医中经过一年以上培训的不足20%，还有35%的农村医生没有乡村医生资格证书。有些贫困县没有取得资格证书的村医竟达90%以上。其次是乡镇卫生院作为三级体系中承上启下的重要一环，从医疗设备到医务人员多年来没有太大发展，经济上国家没有给以必要的支持。近年来乡镇卫生院出现“医疗条件不好——医务人员减少——就诊人员减少”的恶性循环。在我国有些贫困地区，乡镇卫生院每天的毛收入只有10多元，医务人员每月工资只有300多元。由于经费紧张，冬天连取暖的炉火都生不起。2002年全国乡镇卫生院比上年减少3 098个，卫生人员减少10.4万人。由于农村医疗卫生体系不健全，许多农民享受不到基本的医疗服务，许多非常明显的病症也得不到及时发现治疗。我国结核病人的发现率只有39%，与世界卫生组织提出的70%的目标相差甚远。

2. 医疗费用增长过快，农民深感负担沉重。一般县属医院成为农民看病的主要医院。2002年我国县属医院门诊病人人均医疗费63.9元，比上年增长了9.8%，出院病人人均医疗费1 779.3元，比上年增长了8.3%。而2002年我国农民人均收入的增长水平只有4%。值得注意的是在医疗费中，药费比重下降1.1个百分点，但是检查治疗费用增加5.5个百分点。主要原因是一些医院把检查治疗费收入与个人收入挂钩，为病人增加一些不必要的检查项目。在多数农民没有享受合作医疗的情况下，过高的医疗费用会使经济条件不佳的农村病人放弃治疗的机会，造成死亡或丧失劳动能力。特别是在经济欠发达地区，农民不怕穷就怕病。据内蒙古乌兰察布盟卫生局的调查，当地有59%的农民有病不去看，有68%的农民因经济困难没钱不能住院接受治疗。农村贫困户中因病致贫的占49.25%，因病返贫的占15.63%，两项合计占64.88%。

3. 城乡之间，地区之间医疗卫生事业的发展差距拉大。根据世界卫生组织的调查，我国卫生资源分配的公平性在全世界被排在188位，居倒数第三位。我国城乡之间卫生事业发展的差距主要表现在以下方面：首先是制度差距，农民看病基本是自费，而城市居民则多数享受公费医疗。其次是投入经费的差距。据中新网数据，1998年全国卫生总费用为3 776亿元，其中政府投入587.2亿元，用于农村的卫生费用92.5亿元，仅占政府投入的15.9%，也就是说，5亿城市人口享受到的国家公共卫生和医疗投入是8亿农村人口的6倍。即相当于每个城市居民享受的公共卫生费用是每个农民的10倍。地区之间收入差距在逐年扩大。2001年我国东部地区农民人均纯收入为3 266.7元，中部地区农民人均纯收入为2 165.2元，西部地区农民纯收入为1 662.2元。东、中、西部收入比例（以西部为1）由2000年的1.92∶1.30∶1扩大到1.97∶1.30∶1。农民收入是享受医疗服务的物质基础。第三是条件的差距，农村的医疗卫生条件随着经济发展水平的不同千差万别。农村的医疗条件与城市相差很大。造成城乡居民的健康质量相差显著。监测数据表明农村孕产妇死亡率、新生儿死亡率、婴儿死亡率、5岁以下儿童死亡率都比城市高1～2倍（见表6）。

表6　监测地区孕产妇和儿童死亡率

监测项目	合计		城市		农村	
	2000年	2001年	2000年	2001年	2000年	2001年
孕产妇死亡率（1/10万）	53.0	50.2	29.3	33.1	69.6	61.9
新生儿死亡率（‰）	22.8	21.4	9.5	10.6	25.8	23.9
婴儿死亡率（‰）	32.2	30.0	11.8	13.6	37.0	33.8
5岁以下儿童死亡率（‰）		35.9	13.8	16.3	45.7	40.4

资料来源：卫生部卫生统计信息中心，《2002年全国卫生事业发展情况统计公报》。

4. 农村初级预防保健是确保农民健康素质提高的第一道防线，现在基础不牢。农村初级预防保健应该像9年义务教育一样，属于国家投入的公共物品。但是长期以来国家财政的投入微乎其微。据农业部农研中心课题组提供的资料，1990—2000年，在农村卫生总费用中，政府投入的比重由 12.5%下降到 6.6%；全国新增的卫生经费投入中只有 14%投到农村，其中又有 89%成了开工资的“人头费”，真正成为专项经费的只有 1.3%。2000 年农村人均卫生费用仅 12 元，相当于城市人均卫生费用的 27.6%。由于国家财政缺乏必要投入，在乡村改革过程中医务人员在工资都保证不了的情况下，不会用自己创收的钱去进行没有直接经济回报的农村卫生防疫。过去国家没有投入，集体经济还能开支，而现在好多事情办不了。

5. 提高农民健康素质面临的新挑战。

(1) 新疫情的危害。1950 年代党中央就先后实施了传染病和地方病防治法，但要实现消灭已有疫情的目标还有相当艰巨的任务，艾滋病等新的疫情又开始危害农民的健康。艾滋病是一种使患者丧失机体免疫力的病死率极高的传染病，目前全世界已有 1 400 万人死于该病。我国著名的流行病学家曾光呼吁：“我要用‘天大的危机’来提醒大家，艾滋病向一般人群传播是一个最大的危机”。艾滋病在农村地区传染的形势非常严峻。1985 年我国发现首例艾滋病病毒感染者，近年来我国艾滋病的流行已经呈快速上升趋势，而且疫情正在从吸毒、卖淫、地下卖血和同性恋等高危人群向一般人群传播。根据 2003 年全国艾滋病流行病学调查的数据分析，中国正式公布现有艾滋病病毒感染者约 84 万人，其中艾滋病病人约 8 万例（见 2004 年 4 月 9 日《宁波日报》A6 版卫生部副部长国务院艾滋病防治工作委员会办公室主任王陇德答记者问）。据专家预测，如不采取积极有效措施，到 2010 年艾滋病病毒感染者在我国将超过 1 000 万人。由于目前尚无有效的治疗方法，在我国 2002 年 26 种传染病的病死率中，艾滋病病死率高居亚军，达 32.88%。进入 2003 年，先后在广州和北京等地爆发的非典型性肺炎，不论对人身健康还是对社会的伤害，至今使人不寒而栗。

(2) 吸毒、卖淫等旧社会的恶习在一些地方死灰复燃，性病在贫穷落后的农村地区正在严重危害着农民的身心健康。虽然卖淫嫖娼活动多发生在城市，但卖淫的妇女却多数来自贫困地区的农村。当她们返乡又会把性病传染给农民。在社会风气不好的情况下，大量婚外性生活的存在也是性病传播的重要途径，特别是在缺乏卫生知识的农村。

(3) 工业化进程对环境的负面影响，特别是工业污染使空气、水受到污染，对于环境缺乏防护措施，饮用自然水源的农民，受危害的风险远远高于城市居民。根据世界卫生组织的报告资料，在发展中国家，由不卫生饮水引起的疾病有 80 多种，与粪便相关的疾病有 30 多种。我国农村 5 岁以下儿童平均每人每年发生腹泻 2.9 次。农村儿童腹泻死亡率是城市的 14 倍。

(4) 疾病的抗药性的危害越来越大。自然变异导致微生物的演化，这给人类造成新的威胁，药物治疗引起的选择性突变同样带来微生物的演化，并促进抗药性的形成。有关资料介绍，在广大发展中国家，呼吸感染、结核病、疟疾以及性传播疾病的抗药性已成为相当严重的问题。现代医学技术虽然可以不断研制出新的抗生素，但是由于经济和信息以及知识的原因，农民则往往只能使用原来的药物。

(5) 人口老龄化带来的非传染疾病的急剧增加。由于我国长期以来实行的积极的计划生育政策,使我国“人口老龄化”时期在处于工业化中期就已经到来。有位外国专家形象地描绘中国的老龄化:“35 年前,中国儿童人口与老年人口的比例是 6:1,而往后的 35 年,这个比例将颠倒过来,老年人口将是儿童人口的两倍。”目前我国经济发展水平不高,社会保障体系尚不健全,会使农村家庭和社会过早地担负起人口老龄化带来的疾病和健康问题。

四、加强农村卫生医疗体系建设，提高农民身体健康素质

增加农村健康医疗的投资，改善农民的医疗条件，提高农民

的健康素质已经逐渐被人们重视。健康问题越来越不被人们看成是个人的事情。首先是投资于健康被看成是促进经济发展的重要措施。世界银行1993年的发展报告就是以投资健康为主旨。该报告认为，增进健康可以从四个方面促进经济增长。一是可以减少因工人生病而带来的生产损失；二是可以促进利用那些因疾病而完全不能或几乎不能为人类所利用的自然资源；三是可以增加儿童的入学人数并使他们能更好的学习；四是可以解放用在疾病治疗方面的资源，从而使这些资源得以用于其他方面的消费和投资。

其次是健康投资与教育投资同样被认为是人力资本投资。改善健康医疗条件可以提高劳动力工作时的体力、耐力和注意力，从而提高工作效率。同时可以有利于儿童的健康成长，提高未来劳动力的身体素质。健康对人力资本投资的体现在于可延长劳动力预期工作时间。健康人65岁可以照常工作，体质差的人可能50岁就不能正常工作了。

目前我国农村健康医疗体系很不健全，农民的健康素质也不尽人意。农民生产生活的环境危害健康，农民因经济困难有病得不到及时治疗。经济条件好的地方，农民因生活方式不健康也带来许多“富贵病”。加强农村健康医疗体系建设，提高农民健康素质不仅直接关系到当前农民生活质量的如何，也是落实“三个代表”思想，实现全面建设小康社会目标的客观需要。

（一）发展农村卫生医疗事业的指导思想和原则

当人类社会进入21世纪，我国在改革开放已经推动社会经济取得辉煌成果的情况下，又掀开了全面建设小康社会的新的篇章。当前我国农村卫生事业的指导思想是：按照党的十六大统筹城乡经济社会发展的要求和“三个代表”重要思想，以加快提高农民健康素质为目标，进一步深化农村医疗卫生体制改革，建立以国家公共医疗事业为主体，多种所有制共同参与的现代化的医疗卫生体系。继续坚持“把医疗卫生工作的重点放到农村去”和预防为主，防治结合的方针，发扬“救死扶伤”的革命人道主义精神，把卫生医疗的科学理论与农村的实际结合起来，把加强农村医疗卫生的基础设施建设与农村医务人员培训结合起来，使每个农民都能够得到及时有效的医疗服务，切实提高农民生理和心理健康素质，全面实现小康社会和实现人的全面发展目标。根据目前我国城乡医疗卫生体系的总体情况，按照上述指导思想，农村卫生工作应该实现以下目标：根据全面建设小康社会和社会主义现代化建设第三步战略目标的总体要求，到2010年，在全国农村基本建立起适应社会主义市场经济体制要求和农村经济社会发展水平的农村卫生服务体系和农村合作医疗制度。主要包括：建立基本设施齐全的农村卫生服务网络；建立具有较高专业素质的农村卫生服务队伍；建立精干高效的农村卫生管理体制；建立以大病统筹为主的新型合作医疗制度和医疗救助制度。使农民人人享有初级卫生保健，主要健康指标达到发展中国家的先进水平。要实现上述目标，必须遵循以下原则：

1. *以农村医疗卫生事业发展为重点的原则*。20世纪60年代毛泽东主席提出的“把医疗卫生的重点放到农村去”的思想不仅没有过时，而且在新形势下显示出更强的生命力。如果说当时毛主席提出显示了党和政府对农民健康关怀的责任，那么今天坚持这一原则，对城市居民和农村居民同样是重要的。众所周知，首先是近年来农村原来的医疗卫生提供机制已经打破，而新的机制尚未形成，国家又在政策上向城市倾斜，使农村医疗卫生状况十分窘迫，已经到了非加强不行的地步；其次是由于今天城乡之间人员流动十分频繁，光是进城打工的农民就达一亿多人，城乡之间物资交流的数量和范围急剧扩大；三是农民收入水平提高，有病进城治疗的比重大幅度提高，以上三个方面说明城乡之间在疫病防控上面临着新的形势，农村的医疗卫生不搞好，不光对农民不利，还要影响到市民。2003年春我国发生的“非典”疫情已经证明了这个道理。坚持把医疗卫生的重点放到农村，实际等于疫病防治管住了上游源头。

2. 坚持以预防为主，防治结合的原则。这是我国医疗卫生事业长期实践取得的经验。因为目前几乎所有的疫病都可以了解发生和传播的渠道，以及有效的预防措施。即使是那些目前还没有有效治疗方法的疾病，比如艾滋病，但是却可以做到预防它的发生。预防疾病的发生，不仅可以使人们免受疾病的痛苦，而且可以节约昂贵的医疗费用，节省治疗疾病所花费的时间。尽管随着科学技术的发展，治疗技术和药物的疗效明显提高，但是俗话说“再好的红伤药不如别受伤”。

3. 坚持城乡协调发展的原则。目前我国城市的医疗条件一般都比较好，但是有些资源没有得到充分发挥作用。而农村的医疗设施尽管要承担大量的农村人口的医疗任务，但是基础条件却十分薄弱。所谓协调发展就是要在统一构建城乡医疗卫生体系的基础上，打破城乡分割的局面，明确城、乡医疗机构的职能任务，以及加强相互的联系。当前首要的任务是加大农村医疗设施建设和防疫体系建设，使之可以承担农村疫病防治和农民一般医疗的需要。

4. 坚持农村医疗卫生事业的公共物品原则。尽管目前我国在医疗卫生领域允许社会资本、民营资本的进入，但是必须坚持以国家投入为主体。对社会所有成员来说，如果能够保障人人享受健康，其重任只有政府承担，作为社会公共物品来提供。特别是卫生防疫工作，具有非常明显的投资效益外溢性，影响投资者的积极性。而如果要保证防疫的效果，又要求防疫对象的一致性和统一性，因此市场运行的规则很难做到这一点，只有靠政府行为来完成。至于建立事关全社会健康安危的突发疫病防控系统，更是必须由政府负责。

5. 坚持救死扶伤的原则。“救死扶伤”曾经是我国医疗卫生工作的行为准则，但是近年来一些医疗部门出现了许多从自身利益出发，把没有钱或由于各种原因没有当时带钱的患者拒之门外，造成延误治疗的后果。要坚持救死扶伤的原则，同时为了保证无力支付医疗费用的患者得到及时救助，保证医院支付的医疗费用能够收回，政府应该设立贫困患者救助基金，制定患者医疗费用收交法规。做到见死不救追究医院的法律责任，有钱不给追究患者的法律责任。

（二）实施五大工程，构建新时期农村医疗卫生体系

在上世纪60—70年代，我国大部分农村的医疗卫生体系比较完善，可以达到农民小病不出村，一般的病不出乡，大病不出县。农村卫生室同时承担了卫生防疫任务，“小孩嘴里喂糖丸（预防疫苗），水井里边投白面（消毒漂白粉），猪圈厕所喷药水（消灭蚊蝇），老鼠洞里塞药丸”。现在很多地方这些事情没有人干了，乡卫生院自身难保，农村卫生室有名无实。今天我们提出加强农村医疗卫生体系建设，不光是要健全完善原有的乡村医疗条件，而且随着经济社会发展，农村的医疗卫生体系的建设还要有新的发展。这个目标可以通过实施以下五大工程来实现：

1．实施农村基础设施建设工程，切实改善农民的生产生活条件。首先是生产安全环保。农村的工厂、矿山要开展文明生产，采取安全环保的措施，治理工业“三废”污染，消除农村“五小”企业的不安全隐患，确保农民生命财产安全和农村环境的保护。其次是生活条件清洁卫生。农村生活用水安全是保证农民健康的重要措施。到2002年底，在全国9.47亿农村人口中还有43.4%的人吃地表水和雨水。各级政府都应该加大对农村饮用水的投入，确保农民能够吃上干净卫生的自来水。农村传统的厕所是滋生苍蝇传染疾病的源头，改厕是改善农村卫生条件的重要措施，要作为大事认真抓好。

2．实施农村健康卫生知识的宣传教育工程，使农民逐步革除不健康的生活陋习养成良好的生活习惯。我国著名的医学专家

洪昭光教授有一句名言："健康的钥匙握在你自己的手中。"农民的愚昧无知形成的不良生活习惯是影响身体健康的最重要的因素。世界卫生组织研究，造成中老年慢性病的原因，身体内因只占15%，外因占85%。其中由于个人生活方式、行为习惯的因素占60%。同时目前世界上心脑血管病是占死亡人数最多的，2002年达到1 500多万人。前世界卫生总干事中岛宏博士指出，如果采取预防措施可以减少一半的死亡。许多人不是死于疾病，而是死于无知。现在农村中许多疾病本来是可以预防的，但是由于农民不懂医学卫生知识，使好多不该发生的疾病却酿成大祸。在对农民进行文化科学知识的教育中，要把健康卫生知识的培训作为重要内容。可以利用广播、电视、报刊等大众传媒开设健康知识讲座，向农民宣传农村卫生常识，疾病预防知识以及坚持科学的饮食方式，平衡营养结构。在农村对家庭主妇进行培训是非常重要的。一方面要让她们知道为什么要讲究卫生，了解什么是健康饮食。因为家庭主妇一般负责安排饮食，她们了解后才能科学安排；另一方面家庭主妇作为母亲，是儿童的第一个老师，她们可以把健康饮食的知识传授给下一代。

3. *落实农村初级卫生保健发展计划，实施组织创新工程。*2002年国家卫生部等七部委联合印发了《中国农村初级卫生保健发展纲要（2001—2010年）》，为我国农村医疗卫生体系建设明确了任务和目标。为了真正落实《纲要》，要建立农村社区卫生工作委员会，它作为社区村民委员会的专业委员会，负责农村社区卫生工作的组织管理工作。如农村卫生室的建立，社区环境卫生的管理以及卫生知识的宣传普及等。委员会可以由村民委员会的成员、村民代表和乡村医生的代表参加，根据社区大小一般由3～5人组成。委员会的任期与村民委员会一致。在乡镇和中心村建立农村社区卫生服务中心，为农民提供医疗卫生服务。其职能包括：防疫、医疗、保健、康复、健康教育、计划生育指导服务等。政府对其中属于公益性的服务给予一定的经费补贴。

4. 建立新型合作医疗制度，切实解决农民看病难的问题。建立适合我国国情的农村合作医疗制度是保证农民医疗保障的重要措施，各级政府应该对农村合作医疗给以财政支持，采取国家出一点，集体补一点，个人拿一点的办法筹措医疗基金。根据各地政府财力和农村经济发展水平不同，新型的合作医疗制度可以确定不同的缴费标准。一般可以分成两个层次：一种是普通的医疗保障可满足日常门诊医疗。第二种是大病医疗保障，针对大病住院治疗。目前全国已经有许多地方开始试点，但是要努力克服上级补贴不到位，医疗服务不到位的问题。

5. 建立农村贫困居民医疗救助制度，解决农村特困群众看病难问题。2003 年国家民政部、卫生部和财政部联合下发了《关于实施农村医疗救助的意见》，其内容就是通过政府拨款和社会捐助等多渠道筹资，对患大病的农村五保户和贫困农民家庭实行医疗救助。由于医疗需要根据医疗诊断书、医疗费用收据等医疗证明申请救助，所以必须是看病之后才能申请。问题是许多农村贫困户看病前拿不出医疗费用，所以可在农村信用合作社开办救助医疗贷款，贫困户持乡镇政府开具的贫困证明即可申请贷款。

第七章 加强农村政治文明建设 提高农民政治素质

党的十六大报告指出："建设社会主义政治文明是全面建设小康社会的重要目标。"这是在我们党的正式文件中第一次提出"政治文明"这个概念，在我党制定21世纪带领全国各族人民实现全面建设小康社会宏伟目标时，提出建设社会主义政治文明，并要求不断促进社会主义物质文明、政治文明和精神文明的协调发展，足以显示它的重要。政治文明是指人类社会政治生活的进步状态，是人类在政治实践活动中形成的文明成果，包括政治思想、政治文化、政治结构、政治活动和政治制度等方面的有益成果。政治文明的核心内容是民主发展的积极成果。政治文明所体现的，是社会政治法律制度的发展状况和进步程度，它是反映特定社会的物质文明、精神文明建设的制度化、规范化水平的标志。

农村是我国社会经济发展的重要组成部分，农村政治文明的建设不仅是促进全国物质文明和精神文明的制度保证，影响和决定着全国物质文明精神文明发展方向和进程，而且对加快我国农村现代化进程，提高农民的政治素质起到关键性作用。全面建设小康社会是我国现代化建设的阶段性目标。国家现代化包括技术的现代化、经济的现代化、政治的现代化和社会文化的现代化等方面。政治文明建设是实现政治现代化的具体行动，当前加强农村政治文明建设，实现政治现代化的重点任务是加快农村民主化进程和法治化进程，提高农民行使民主权利的能力和水平。

一、加强农村民主制度建设

在旧社会，我国农民在帝国主义、封建主义和官僚资本主义"三座大山"压迫的同时，还要受农村宗族势力的统治，根本没有民主可言。新中国成立以后，农民不光分到了土地，在政治上也翻身得解放。但是在合作化后期和人民公社时期，在农村实行了"一大二公"的政策，损害了农民的经济利益和民主权利。党的十一届三中全会以后，农村实行的以家庭联产承包为主要内容的改革，首先把农业生产经营权还给了农民，实现了经济上当家作主。接着在1987年，六届全国人大常委会通过了《中华人民共和国村民委员会组织法(试行)》，建立了村民自治制度，进一步使农民享有自主管理本村公共事物的民主权利。因此村民自治制度是我国新时期加强农村基层民主制度建设的集中体现。

村民自治是村民通过自治组织依法行使村民自我管理、自我教育、自我服务的基层民主制度。它的突出特点是在充分实现民主化、制度化的基础上，实现村民民主选举、民主决策、民主管理和民主监督的权利。与以往其他农村管理制度相比，村民自治是在国家法律的基础上充分发挥村民的民主权利。

民主选举体现在村民委员会的主任、副主任和委员，是村民依法直接选举产生，每届任期三年。自1988年辽宁省铁岭市在全国第一个实行村民委员会直选以来，全国绝大多数省市已经进行了四轮民主选举，到2002年底，除台湾和港澳特区以外31个省(直辖市、自治区)全部完成1998年《村民委员会组织法》后新一轮村委会换届选举，先后有6亿多村民参加选举。村民自治制度实行以来，经过各地的不断探索，选举制度得到不断完善，村民的民主意识不断提高，农村民主化进程不断加快。

民主决策是指村民通过村民大会或村民代表大会的形式参与本村重大事务的决策。村民大会是由全体村民组成的自治组织权利机构,拥有全村最高决策权,涉及全体村民的本村重大事务必须由全体村民共同决定。集中反映在以下两个方面的问题必须经过村民会议审议决定:一是涉及本村治理和发展的基本规则、发展规划和工作计划。二是涉及全体村民利益的重大问题。《村民委员会》组织法第十九条规定:"涉及村民利益的下列事项,村民委员会必须提请村民会议讨论决定,方可办理:(一)乡统筹的收缴办法,村提留的收缴及使用;(二)本村享受误工补贴的人数及补贴标准;(三)从村集体经济所得收益的使用;(四)村办学校、村建道路等村公益事业的经费筹集方案;(五)村集体经济项目的立项、承包方案及村公益事业的建设承包方案;(六)村民的承包经营方案;(七)宅基地的使用方案;(八)村民会议认为应当由村民会议讨论决定的涉及村民利益的其他事项。"村民代表大会是对村民会议制度的补充,也是现阶段村民民主决策的主要形式。但是村民代表大会行使决策权利的前提,是在村民代表事先就所要决定的事项告知所代表的村民并进行讨论,征求村民意见。

民主管理是指在全体村民共同参与的基础上，通过村民自治实现对农村进行有效管理。农村事务不再是少数村干部的特权，而是全体村民共同享有的权利。民主管理体现在三个方面，一是对村里重大事务的决策，比如村里的道路建设，准备如何走向，如何组织施工，费用如何筹措，村委会要将计划提交村民大会审议决定，对于通过的决议，村委会负责组织实施。第二是管理本村内部事务的村规民约的制定，必须经村民大会决定。第三是把其他需要村级管理的公共事务委托村民委员会进行日常管理。

民主监督是指对村级公共权利的制约和监督机制。与前三项民主权利相比，民主监督是事后行使的权利。就是对村民委员会在实施村民大会的决议中是否符合国家法律，是否正确执行了村民大会的决议，村民委员会的成员在行使职权的过程中是否做到尽职尽责，公平公正。村级财务的收支是村民民主监督的重点。民主监督还表现在村民拥有对村务管理的知情权，因此中央专门就村务公开工作提出了具体规定。

村民自治制度的建立，对于摒弃了人民公社旧体制的中国农村来说，具有非常重要的意义。首先是推进了农村基层民主政治的建设。我国历史上实行村民自治是从元明时期开始的，元朝“诸县所属村疃，凡五十家立为一社，不以是何诸色人等并行入社。令社众推举年高通晓农事有兼丁者立为社长。”（杨讷《元代农村社制研究》载《历史研究》1965年第四期）。明代在继承元社制基础上突出乡下设里，里设老人，选年高为众所服者，导民平讼，主自治。清政府实行地方自治“以乡人治其乡之事”，并于光绪三十四年颁布《城镇乡地方自治章程》。民国政府延续了清政府乡村自治的政策，并从完善村庄政治出发，于1930年公布了《乡镇自治施行法》（张军等《传统村庄的现代跨越》山西经济出版社2003年245页）。但是以上介绍历史上的乡村自治，是建立在宗族基础上的乡绅治理，只是统治者为了缓和矛盾、节约统治农村成本的一种手段，并不是给农民民主权利。新中国成立以后，我国实现了人民民主专政制度，人民代表大会是人民行使民主权利的主要形式。而乡村作为国家最基层的组织单元，受人民公社制度的影响，没有解决农民民主制度的建立问题。现在《村民委员会组织法》的建立，以“四大民主”为内容的村民自治的实行，不仅推进了农村政治民主进程，也为我国的人民民主专政制度打下了坚实的基础。其次是在摒弃了暴风骤雨式群众运动以后，找到了建立在法律基础上动员农民参与农村社区建设与管理的道路，调动了广大农民参与民主政治的积极性。第三是推动党的基层组织加强自身建设，促进党员提高自身素质，增强党支部的战斗力。村民自治虽然是民主选举村民委员会，实际上对党支部的工作，对党员的表现也是一次考核。有不少村支部书记用自己的工作赢得村民的拥护，被选为村民委员会主任。但是也有些村，村民选举的村民委员会成员一个党员都没有，值得反思。第四，村民自治通过村民对社区公共事务的参与管理，可以培养农民的民主意识，提高政治热情，锻炼农民的参政能力。彭真同志曾经说过："人民一旦能管好一个村的事，就会知道怎么管一个镇、甚至一个国家的事。这样经过一步一步的训练，能够提高他们参与国家事务的能力。"

当前我国的村民自治制度在实践中仍有许多需要完善的地方，比如《村民委员会组织法》在有些规定上要具体。比如村民委员会换届选举以后，新、旧班子必须多长时间内交接工作，对于不按时移交工作的如何处理。比如我国农村进行税费改革以后，已经不能再收缴村提留、乡统筹，这样第十九条的规定就需要修改。同时与有关法律的关系，有待进一步理顺，选举过程有待进一步规范，对农村宗族势力、黑恶势力操纵选举和贿选等不法行为要给予打击。要真正实现用好的制度选人，选出德才兼备的好人，下一步的重点：一是应该加强对村民进行民主政治的宣传教育，提高他们的民主意识和依法行使民主权利的能力。在选举村民委员会之前，要让选民充分了解候选人的详细情况，最好是安排候选人与选民直接见面，向选民介绍自己的政见，使选民把神圣的一票投给自己信赖的人。二是培训选举的工作人员，规范选举程序，为选民提供充分表达自己意愿的环境，如保证选举现场不受干扰，必须设立秘密划票处。流动票箱和代投环节要特别注意为选民保密。三是培训村民委员会委员，提高政策水平和工作能力，培养他们正确行使村民大会赋予的权利，树立全心全意为村民服务，加快农村经济社会发展的事业心和责任感。

二、加强农村法治建设

坚持党的领导、人民当家作主和依法治国的有机统一，是我党对于社会主义政治建设的规律性认识。社会主义的民主与法制是紧密联系、相辅相成、相互促进的。民主是法制的前提和基础，法制是民主的体现和保证。民主和法制都是政治现代化的核心内容。民主意识和法治观念是现代农民不可或缺的基本素质。

建立在以农业社会文化为基础、以血缘关系为纽带的宗法制度之上的我国传统文化，以及伦理本位的价值观念，对于农民的影响极为深刻。认为人情高于法律仍是今天许多农民不能用法律保护自身权益的根本原因。在今后农村现代化建设进程中，加强农村法制建设是一项非常艰巨而又必须的任务。

首先要提高农民对法制建设的认识。我国经济体制改革的目标就是要建立社会主义市场经济体制。在市场经济条件下，每一个商品生产者都对其他市场主体产生影响，不是需要别人的服务，就是为别人服务。纷繁复杂的经济关系，就需要利用契约关系建立，需要法律调整经济法人之间的权利义务关系。因此，市场经济从某种意义上说也是法制经济。农村经济是社会主义市场经济的重要组成部分，加强农村法制建设是建设社会主义市场经济体制的需要。同时农民作为独立的市场主体，一方面需要利用法律保护自身的合法权益，另一方面也要依法履行自己的义务，因此提高农民的法律意识也是农民发展市场经济的需要。

其次是加强农村的法制教育。使农民不仅主观上树立遵纪守法的意识,而且根据生产经营的需要,做到知法懂法。随着我国法律体系不断完善,颁布的法律也越来越多。农村的法制教育要紧密结合农民生产生活的实际需要,有重点有目的地学。学习的方法不能让农民死记硬背地抠条文,而是要结合实际需要解剖案例,让农民就事论事讲法学法。在世界经济一体化日趋明显的情况下,国际交流日益频繁,有些农民不只要懂中国的法律,还要了解外国的有关法律。

第三是严格执法。作为农村基层法治建设的主要任务就是严格执行各项法律法规，维护国家法律的严肃性。在全国有些地方，地方保护主义成为徇私枉法的保护伞，触犯了国家的法律可以私了。这样的状况对于农村政治文明建设产生非常严重的负面影响，必须坚决扭转。“有法必依，执法必严”维护社会主义法律的严肃性，是今后我国农村政治文明建设的重要任务。

第八章　加强农村精神文明建设 提高农民思想道德素质

农村精神文明建设，既是现代化建设中满足农民文化和精神需求的重要措施，也是全面实现小康社会建设目标，提高农民思想道德素质的重要途径。坚持物质文明建设和精神文明建设“两手抓，两手都要硬”是十一届三中全会以来我党提出的重要方针。所谓精神文明，就是在人类改造客观世界的同时，人类的主观世界也得到改造，精神生产和精神生活得到不断发展所取得的精神成果。而精神文明建设就是为实现人类主观世界改造和取得人类全面发展所需要的精神成果进行的社会实践。精神文明所体现的内容包括科学、文化、宗教、艺术、道德伦理、哲学、经济、政治、法律等思想理论和意识形态的发展状况和进步程度。社会主义精神文明建设是以马克思主义为指导的精神文明，是包括广大农民在内的群众广泛参与的社会活动。加强农村社会主义精神文明建设就是要提高广大农民的综合素质，培养有理想、有道德、有文化、有纪律的现代农民。当前加强农村社会主义精神文明建设，就是要围绕全面建设小康社会的总目标，认真抓好农村的文化建设和思想道德建设。

一、当前农村精神文明建设存在的主要问题

近年来虽然我国农村的精神文明建设有了很大发展，很多地方也搞得有声有色，但是从总体上还存在与社会经济发展要求不

适应，与农民日益增长的文化需求不适应的问题。特别是在一些贫困地区，农村文化阵地已经受到侵蚀，封建迷信、黄赌毒现象愈演愈烈。主要表现在：

对于农村文化事业和精神文明建设的认识还有待提高。至今一些地区和部门的基层组织、主要领导仍然没有做到物质文明建设和精神文明建设两手抓，两手都要硬。物质文明建设被认为是硬任务，硬任务用硬功夫，而把精神文明建设看成是虚任务，用“虚功夫”来应付。只认为经济发展是硬道理，精神文明建设是锦上添花的事。这样的结果一是无法满足人民群众对精神文明成果的需求，二是对于社会上腐朽落后的思想文化打击、抵制不力。

由于认识不够，农村的文化事业和精神文明建设缺乏足够的资金投入，不论从中央还是地方，农村文化事业和精神文明建设投资都没有法定的预算支持，依靠运动，依靠领导的重视决定投入多少。致使我国城乡之间、地区之间的文化事业发展很不平衡，农村地区特别是经济欠发达地区不光文化设施建设薄弱，而且养不起文化事业职工。即使是原来已经建设起来的农村文化设施，有些也在改革初期承包给企业或个人当作经营商业、饮食、服务业的场所。

农民中蕴藏着强烈开展文化活动的积极性，但是缺乏组织者和专业文化人才。目前农村中已有一定基础的文化活动形式，许多是一代代承传下来，需要专业人才发展创新，在内容上也需要反映农村现实生活，反映当代农民的精神风貌。

缺乏适应农村需要的、形式新颖、农民喜闻乐见的文艺形式，缺乏高质量的代表先进文化的鼓舞人的优秀作品。农民是我国人民的主体，农村也是文化事业发展的广阔阵地，但是当前反映农村题材的文艺作品太少。一些文艺工作者热衷“阳春白雪”，沉迷“小资情调”，脱离现实，脱离生活，脱离农民。

二、代表先进文化的前进方向，加强农村的文化建设

农村的文化建设是农村精神文明建设的重要内容。主要反映在三个方面：一是加快发展农村的各项文化事业；二是提高农民的科学知识水平；三是活跃农村的文化生活和娱乐活动。农村文化建设要对农村社会经济发展起到积极的促进作用，就必须坚持以马克思列宁主义毛泽东思想、邓小平理论和“三个代表”重要思想为指导，代表先进文化的前进方向，紧密结合各地农村的实际和农民的文化需求。

（一）代表先进文化的前进方向，是农村文化建设健康发展的重要保证

所谓先进文化就是健康的、科学的、向上的、代表未来发展方向的推动社会前进的文化。当前党领导全国人民建设的具有中国特色的社会主义文化，就是当代中国的先进文化。正如江泽民同志所说：“我们党要始终代表中国先进文化的前进方向，就是党的理论、路线、纲领、方针、政策和各项工作，必须努力体现发展面向现代化、面向世界、面向未来的，民族的科学的大众的社会主义文化的要求，促进全民族思想道德素质和科学文化素质的不断提高，为我国经济发展和社会进步提供精神动力和智力支持。”

代表先进文化，一要继承，不是对中国传统文化的消极的抛弃，而是积极地继承其中健康的、激励人们积极向上的传统文化。江泽民同志在美国哈佛大学演讲时，曾经精辟地介绍过中国优秀的历史文化传统，包括团结统一的传统、独立自主的传统、爱好和平的传统、自强不息的传统。我国各地农村有大量体现这些中华民族优秀传统的历史文物古迹，加强农村的文化建设，要充分挖掘利用这些历史遗产，为农民开展物质文明建设和精神文明建设服务。二要发展，适应社会主义市场经济发展的需要，积

极开展科学知识、管理知识和法律知识的教育，学习借鉴世界上先进的科学技术和管理经验以及精神文明成果，为我国农民加快由传统向现代转变，提供科学进步的环境和积极向上的精神食粮。党的十五大报告指出："我国文化的发展，不能离开人类文明的共同成果。要坚持以我为主，为我所用的原则，开展多种形式的对外文化交流，博采各国文化之长，向世界展示中国文化建设的成就。"近年来，我国一些地方，根据社会经济发展的需要，学习外国开展观光休闲农业的经验，搞起了观光农业和民俗旅游，既丰富了城市居民的假日生活、增加了农民收入，又继承发展了各地的民俗文化。

（二）发展农村文化事业是精神文明建设的重要基础

虽然我国农村传统文化的底蕴非常深，我国影视、广播报刊等现代文化传媒又十分发达，但是由于前些年对农村文化事业重视不够，农村的文化事业的发展明显落后于经济发展。农村文化是指在特定农村的社会生产方式基础之上，以农民为主体，建立在农村社区的文化，是农民文化素质、价值观、生活方式等深层次心理结构的反映。农村文化事业不仅是丰富农民文化生活的基础，也是对农民开展宣传教育的载体。学习国外农村文化事业建设的做法，总结国内先进地区的成功经验，发展农村文化事业要突出以下几点：

1. 加大对农村文化基础设施建设的投入。文化设施建设的水平往往与当地经济发展有关。但是如果没有认识文化设施的重要，经济水平较高的地方也不会增加文化设施的投入。印度的经济发展比我国差很多，但是在印度的农村，有些地方基本实现每个农村就有一个图书馆。我国有些地方广场修得很大，楼房建得很漂亮，但是文化设施却很落后。有些农民经济富有了，满屋现代化（高档家具、电器），就是缺文化（图书、报刊）。当前中央提出统筹城乡经济社会发展，其中有一项重要任务就是加大对农村文化基础设施建设的投入。以区县文化馆为基础建立覆盖农村的图书借阅网络，有条件的地方可以发展网上图书馆。农村乡镇建立和恢复电影电视广播服务站，承担农村电影放映电视转播和有线广播的任务，做到乡有电影院，村有放映站，广播、电视村村通；每个区县至少要成立一个地方戏（剧）、说唱、杂技、民间花会等文化（文艺）团体。

2. 国家文化影视事业的发展要确立为“三农”服务的方针，把文学艺术创作的重点放到农村去，为农民创作思想性、艺术性高的文化作品。同时要积极支持农村文化创作活动，发掘、整理民间文化资源和艺术遗产，培养农民文化创作骨干和民间艺人队伍。为了支持、奖励文学、艺术工作者深入农村，创作出农民喜爱的优秀作品，可以专门设立农村文化发展基金和影视作品“金农奖”。

3. 丰富、活跃农村文化生活，用先进文化占领农村文化阵地。活跃农村文化生活要弘扬主旋律，提倡多样化。农村社区是农民生产生活的重要空间，也是开展农村文化活动的舞台。首先是利用农村传统节日，开展丰富多彩的文化活动。春节是辞旧迎新的节日，历史上就有唱大戏的习俗，可以安排农村社区自编自演的文艺节目，庆祝过去一年的国家繁荣和社区发展的成果，结合社区工作总结表彰活动，歌唱社区的新人、新事、新风尚。还可以根据农村各户春节贴春联的习俗，举办赛春联活动；中秋和国庆节离得很近，又是全国各地秋收大忙季节，没有精力搞文艺演出，但是可以用开展农产品争状元活动庆祝丰收，宣传农业新产品、新技术。其次是组织好现代节日的庆祝活动，唱响时代新曲。“五一”劳动节，可以在社区表彰本村的种田能手和致富标兵；“六一”儿童节社区可以与学校共同开展庆祝活动，提高农民对教育工作的认知，加强与子女的亲密交流等等。核心是挖掘节日的文化资源，使之成为开展农村文化活动的载体。在农村开展文化活动的基础上，再组织乡、县、省乃至全国的农村文化汇演，可以进一步引导、鼓励、宣传农村文化。

（三）积极开展农村社区的文化学习教育活动，提高农民科学文化素质和现代生活技能

在农村创办学习型社区已经成为推广农民终身教育，提高农民科学文化素质的重要措施。现代教育理论主张把教育的过程从学校延伸到家庭和社会，从参加工作之前的教育，延伸到终身教育。农村社区是农民家庭的集合，是开展家庭教育和社会教育结合点。而且在社区开展农民在职教育和技术培训，容易做到学用结合。学习型社区应该包括学习设施、学习组织和学习计划。学习设施要逐步实现“三个有”，即有村民学校、有图书阅览室和远程教育终端；学习组织是社区学习活动的实施者，要广泛动员农民参加。可以采用校、班、组的方式。以村设校，以人群设班，以居住点设组。学习计划要根据社区成员（主要是成人）的文化基础和生产生活的需要，区别不同人群分别制定。

社区学校的学习形式多样，可以参加正规院校举办的成人教育，可以根据农民的需求组织短期培训，也可以通过远程教育系统收看专题讲座。可以请外边的专家教授讲授，也可以让农民自己教育自己，即开展生产生活的经验交流。学习的内容既要紧密联系农民实际需要，又要着眼于农民综合素质的提高。对于法律知识和现代社交礼仪知识等现代社会应知应会的知识也要引导学习。比如用知识竞赛和礼仪大赛的方式吸引农民学习。

三、积极开展农民思想道德建设，提高农民思想道德素质

继党的十四大提出建立社会主义市场经济体制的目标、十五大提出建立社会主义法律体系的目标后，十六大又提出了建立社会主义思想道德体系的目标。这个思想道德体系的建设目标表现三个特点，即与社会主义市场经济体制相适应，与社会主义法律

规范相协调，与中华民族传统美德相衔接。突出了三个重点，即必须以为人民服务为核心，以集体主义为原则，以诚实守信为重点。改革开放以来，随着经济社会生活中利益主体的多元化和文化主体的多元化的出现，给人们的思想道德建设提出了新的问题。过去对农民的理想教育非常直观，比如在宣传共产主义理想时就告诉人们“共产主义是天堂，人民公社是桥梁”。在宣传农村现代化时，告诉农民“耕地不用牛，点灯不用油”，“楼上楼下，电灯电话”。不能否认当时这些直观形象的教育方式符合农民的特点，效果非常好，起到了动员农民、团结农民的作用。今天农村中多数集体经济解体，集体主义教育失去了经济基础。农民虽然肚子饱了，但思想空了，理想没了。“端起碗吃肉，放下碗骂娘”是一种非常典型的浮躁心态。思想是一个人的灵魂，它指导人们的行动。正确的思想是精神的动力，当前我国农村的思想建设必须要面对现实，坚持以马克思主义、毛泽东思想和邓小平理论为指导，认真落实“三个代表”思想要求，帮助人们树立正确的世界观、人生观和价值观。只有用先进思想武装的人才能跟上时代的步伐，出色地投身到现代化建设事业中。道德是人们在社会生活中约束行为的准则和规范。道德体现着鲜明的阶级性、时代性。当前我们在农村加强道德建设就是坚持以为人民服务为核心，以集体主义为原则，以爱祖国、爱人民、爱劳动、爱科学、爱社会主义为基本要求，以社会公德、职业道德、家庭美德为着力点。

培养现代农民，首先要提高农民的思想道德素质。当前，加强农民思想道德建设要从以下三个方面入手：

（一）加强农民的思想道德教育，使农民树立全面建设小康社会，最终实现共产主义的理想信念，树立社会主义崇高道德

解决思想道德观念的问题，主要靠开展行之有效的思想教育。当前农村的思想教育内容主要应包括：

1. 开展好党的基本路线教育和农村政策教育。共产党的最终目标是实现共产主义，但是要通过实现若干个阶段目标才能实现。现阶段的奋斗目标，即十五大确定的中国共产党在社会主义初级阶段建设有中国特色社会主义的基本路线是：领导和团结各族人民，以经济建设为中心，坚持四项基本原则，坚持改革开放，自力更生，艰苦创业，为把我国建设成为富强、民主、文明的社会主义现代化国家而奋斗。党的农村基层组织要坚持党的基本路线，团结和带领广大农民为实现总路线提出的奋斗目标而努力。以家庭承包为基础，统分结合双层经营制度是我党在农村的基本经营制度。宣传好，落实好这一制度是落实党的基本路线的具体体现，也是实践“三个代表”思想的具体体现。

2. 对农民开展爱国主义、集体主义和社会主义教育。爱国主义是中华民族的光荣传统，是推动我国社会前进的巨大力量，是各族人民共同的精神支柱，是社会主义精神文明建设主旋律的重要组成部分，同时也是我们培养现代农民的基本要求。开展爱国主义教育是新形势下弘扬民族精神，最大限度地凝聚和动员广大农民，为农村经济社会的发展，为全面建设小康社会而努力奋斗的必然要求。集体主义是指人们的一切言论行动以符合广大人民群众的集体利益为最高标准的思想体系。开展集体主义教育就教育人们坚持集体主义原则，遵守集体主义道德，正确认识和处理国家、集体、个人三者之间的利益关系。社会主义社会尊重和保护劳动者的个人利益，但是反对以损害集体或国家的利益来满足个人利益。处理好国家、集体、个人三者利益关系的原则是：一是兼顾三者利益原则；二是当三者利益发生矛盾时，个人利益和集体利益要服从国家利益。对农民开展社会主义教育，就是要使农民了解社会主义代替资本主义的必然性、实现社会主义的优越性和建设社会主义的艰巨性。

3. 认真落实《公民道德建设实施纲要》，对农民加强公民道德教育。2001 年 9 月，为了在新世纪加强公民道德建设，中共中央印发了《公民道德建设实施纲要》（以下简称《纲要》）。所谓公民道德，就是国家要求所有公民都必须遵守和履行的道德规范体系。公民道德建设就是："在全民族牢固树立建设有中国特色社会主义的共同理想和正确的世界观、人生观、价值观，在全社会大力倡导'爱国守法、明礼诚信、团结友善、敬业奉献'的基本道德规范，努力提高公民道德素质，促进人的全面发展，培养一代又一代有理想、有道德、有文化、有纪律的社会主义公民"。《纲要》确定了公民道德建设的主要内容："社会主义道德建设要坚持以为人民服务为核心，以集体主义为原则，以爱祖国、爱人民、爱劳动、爱科学、爱社会主义为基本要求，以社会公德、职业道德、家庭美德为着力点。"所谓社会公德就是：文明礼貌、助人为乐、爱护公物、保护环境、遵纪守法；必须遵守的职业道德是：爱岗敬业、诚实守信、办事公道、服务群众、奉献社会等；必须遵循的家庭美德包括：尊老爱幼、男女平等、夫妻和睦、勤俭持家、邻里团结等。我国农民是国家公民的重要组成部分，搞好农民的道德建设是实施《纲要》的关键。

4. 加强对农民进行民主集中制和法制纪律教育，使农民提高享有民主权利和遵纪守法义务的觉悟。"民主"一词源于希腊文 demokratia，意为多数人的统治，即按照大多数人居统治地位来实现的阶级统治。"自由"是指不受奴役、不受专横干预的权利。自由权是一项基本的人权。争取包括广大农民在内的最广大人民群众享有充分的民主、自由是我国政治现代化的集中表现，也是中国共产党进行革命斗争和民主建设的唯一目标。但是民主和自由在每个历史形态中，都有具体的阶级性。我国的社会主义民主是在人民内部实行民主，对极少数敌对势力和敌对分子实行专政。即使在人民内部，民主和自由也不是绝对的而是相对的。毛泽东主席曾经说过："在人民内部，民主是对集中而言，自由是对纪律而言。……不可以没有自由，也不可以没有纪律，不可以没有民主，也不可以没有集中。这种民主和集中的统一，自由和纪律的统一，就是我们的民主集中制。”我们要让农民懂得现代农民不仅享有充分的民主、自由，而且还应该是遵纪守法的模范。

5. 坚持对农民进行革命传统和艰苦奋斗的教育。使农民在新形势下能够坚持坚定正确的政治方向和奋斗目标，发扬艰苦奋、勇于牺牲的革命精神。革命传统教育是对农民开展政治思想教育的重要内容。所谓革命传统，就是革命先烈和革命前辈为中国革命和解放事业英勇奋斗的不怕牺牲的英雄事迹和革命精神、老一代无产阶级革命家培育的党的理论联系实际、密切联系群众、批评和自我批评等三大作风。现在虽然我国已经由革命战争转入以经济建设为中心，但是老一辈革命家留下的光荣传统和革命精神，仍然是取得和促进经济社会发展的宝贵精神财富。我国的现代农民一定要发扬艰苦奋斗和勇于牺牲的革命精神，在党的领导下，实现全面建设小康社会的奋斗目标。

6. 对农民开展社会主义市场经济理论的教育。教育农民增强改革开放意识、市场意识、竞争意识、风险意识、民主法制意识、科学意识和可持续发展意识。重点解决社会主义思想同非社会主义思想的矛盾。当前我国广大农村中的非社会主义思想的主要表现有：①拜金主义思想。我国的社会主义市场经济是建立在公有制和按劳分配制度基础之上，通过价格、竞争、风险、供求等机制来引导经济行为和配置资源的经济体制。市场经济体制与过去的计划经济体制相比，比较重视市场经济主体的物质利益，但是也有些人片面地理解市场经济，出现了“一切向钱看”的拜金主义思想，“金钱万能论”又有所抬头。②极端个人主义思想。农村在实行家庭经营以后，农民的自身利益得到了充分体现，但是也在一些农民甚至农村干部身上滋生了个人主义思想，把农村社区的公共利益抛到脑后。更有甚者，有的人为了个人利益不惜牺牲集体利益或国家利益。③享乐主义思想。我国的改革开放加强了国际交流，引进了国外的资金、产品和技术，推动了我国的经济发展和社会进步。但也必须看到，国外的思想观念和生活方式也在影响我们，其中不愿艰苦奋斗的享乐主义比较突出。④封建迷信思想。在我国的传统文化中，封建迷信思想的影响比较大，而农村又受传统文化影响最深。农民，特别是文化素质较低的老年农民，封建迷信思想较多。同时，有些人打着宣传中国传统文化的幌子，兜售封建迷信思想。也有的人打着替人“消灾去病”和帮人“圆满”的幌子宣传“法轮功”邪教，毒害群众。

（二）深入开展群众性精神文明创建活动，寓教育于活动之中

1. *开展群众性文艺活动*。我国农村自古就有自娱自乐的传统，南方的歌会、赛龙舟，北方的农村的小车会、跑旱船、耍龙舞狮、大秧歌，这些文艺形式不仅是农民节日喜庆的主要节目，而且近年常常被赋予新的政治意义，成为宣传农民，开展精神文明建设的重要载体。北京郊区近年来秧歌队已经发展到 3 000 多支，农村各类文艺骨干 10 多万人，顺义区农民的舞龙已经舞到巴黎。四川达县是全国文化先进县，全县 76 个乡镇发展了近 700 支农村业余文艺演出队，5 个民间职业剧团，600 多位民间艺人。每逢节日几乎村村都可以开台演节目。

2. *科技卫生“三下乡”活动*。1995 年中宣部、文化部、卫生部、中国科协等 10 个部委联合开展文化科技卫生“三下乡”活动。到 2000 年全国各地通过“三下乡”为农民送去图书 3 亿多册，文艺节目 700 万场，电影 2 000 万场，为农民举办各类技术培训班 170 万场，培训农民 600 万人次；派出医疗队 12 万个，为 9 000 万个农民看了病。

3. *广播电视已成为农村主要的文化娱乐方式和沟通外部获取信息的主要渠道*。据统计，1982 年我国农村每百户拥有电视机不足 3 台，而到 2002 年国务院发展研究中心农村部的最新调

查显示，农村百户电视机拥有率已达96.2%。目前全国已有1万多个乡镇开办了有线电视，农村有线电视用户达1 000多万户，而且还在以每年200万户的速度增长。据统计我国广播、电视人口综合覆盖率分别达到92.1%和93.4%。

4．图书报刊已成为农村传播先进文化，农民科技致富的重要手段。1994年由中国文化扶贫委员会联合国家新闻出版总署、团中央、四川省委宣传部、农民日报社共同发起实施了“万村书库”工程。几年来已经帮助6万个村建起了小型图书馆，藏书已经超过5 000万册，对于提高农民文化科技素质，加快脱贫致富步伐起到有力的推动作用。以《农民日报》为代表的一大批面向农村、面向农民的报刊近些年也有了长足发展。

5．创建精神文明先进村镇、评选文明标兵户活动是农村精神文明建设的重要载体。20世纪90年代中期以来，我国各地农村开展了形式多样的创建文明村镇活动，同时把遵纪守法、尊老爱幼、讲究卫生、计划生育、勤劳致富、团结互助等倡导的新风尚作为创建内容。1999年中央文明委在北京隆重表彰了500个创建文明村镇工作先进县（市）、镇、村，进一步推动了全国农村精神文明建设。各地涌现出一批先进典型，如河南郴州市开展创建“六户一村”，湖北竹山县从1994年开始在农村开展创建“十星级文明户”活动（五爱星、法纪星、致富星、计生星、科技星、文教星、新风星、义务星、卫生星、团结星），使农村风气明显好转，农民思想道德素质明显提高。

（三）充分发挥基层党组织在农村思想政治工作中的战斗堡垒作用和党员的先锋模范作用

江泽民同志在1991年《在全国宣传思想工作会议上的讲话》中指出：“应当明确，一个地区、一个部门的宣传思想工作和精神文明建设，责任主要在这个地区和部门的党组织。”农村基层党组织首先要加强对农村思想政治工作的领导，这是基层党组织的重要任务。邓小平同志曾经说过："我们说改善党的领导，其中最重要的，就是加强思想政治工作。"（《邓小平文选》第二卷第342页）。《中国共产党农村基层组织工作条例》第五章规定："党的农村基层组织应当制定社会主义精神文明建设规划，保证社会主义物质文明建设和精神文明建设协调发展，促进农村经济和社会的全面进步。""对群众进行爱国主义、集体主义和社会主义教育，党的基本路线和方针政策教育思想道德教育"。要加强精神文明建设和加强思想政治工作。

农村的各种基层组织都具有对农民进行思想政治工作的义务，但是一定要在村党支部的统一领导下进行，不能有多种声音。农村党的基层组织发挥领导作用，关键要发挥党员的先锋模范带头作用。

第九章　建设现代化农村社区为培养现代农民提供基础条件

我们在探讨提高农民素质的途径时，都会发现发展农村教育、卫生、开展物质、政治和精神文明建设离不开农村社区作为载体和组织单位。特别是现代化的农村社区，对于培养现代农民好比是一个摇篮。

一、建设现代农村社区

1. 什么叫“社区”。最早提出“社区”概念的是德国社会思想家F·滕尼斯。他的意思是指那些有着相同价值取向、人口同质性较强的社会共同体，其表现着亲密无间、守望相助、服从权威且具有共同信仰和共同风俗习惯的人际关系；这种共同体关系不是社会分工的结果，而是由传统的血缘、地缘和文化等自然造成的；这种共同体的外延主要限于传统的乡村社区。20世纪30年代上述意思才翻译成“社区”这两个汉字的概念，这要归功于当时在燕京大学读书后来成为我国著名社会学家的费孝通先生。1936年美国芝加哥大学社会学系教授R·帕克对社区的特点做了如下概括：“一是有按区域组织起来的人口；二是这些人口不同程度地与他们赖以生息的土地有着密切的联系；三是生活在社区中的每个人都处于一种相互依赖的互动关系”（徐永祥《社区发展论》2001年3月版第30页）。尽管现在人们对“社区”的概念多达140多种，尽管我国从1987年开始在城市管理工作中使用“社区”的概念，但是如果追溯“社区”概念的原本，我们就会发现农村地区的乡、村都是典型的社区。

2. 建设现代农村社区。社区是社会的组成单位，社会的现代化要具体反映在农村社区的现代化，因此相对传统社区而言，农村的现代化要以建设现代社区作为基础。所谓现代农村社区就是传统农村社区现代化的结果，主要体现在：一是开放性。血缘关系、业缘关系曾经是传统农村社区形成的基础，同时也构成对非血缘、非同业的排斥，形成无形的封闭。随着社会的进步，农村社区的成员发生了很大变化。大部分成员虽然住在农村，但是早已从事二、三产业，与土地没有密切联系。在城乡结合部地区、农村小城镇的许多农村社区成员已经没有血缘关系，即增加了许多外来户；二是社会性。传统农村社区的封闭性阻碍了其社会功能的发挥，现代社区的开放性加强了农村社区与社会的密切联系，社区的运行突出地反映了社会的意志和社会的进步；三是民主性。政治民主是现代社区区别传统社区的本质区别。现代社区内的公共事务从领导人的产生，到兴办公益事业，都是体现民主选举、民主决策、民主管理、民主监督；四是服务性。传统的农村社区成员多是小农经济，自给自足，社区对其成员除去通过宗族统治，少数管理公共资源以外，没有什么服务的功能。现代社区则在用水、用电、农业机械作业、学校等多方面提供对成员的服务。这种服务是具有非赢利性，非政府行为的社区公共物品。总之现代社区是体现物质文明建设、政治文明建设和精神文明建设、反映社区成员根本利益的社会共同体。

二、现代农村社区对培养现代农民的重要作用

我国老一代平民教育家提出农民教育要实现学校教育、家庭教育和社会教育三个环节紧密结合。其中社会教育的职能主要依

靠农村社区来完成。因此现代社区对培养现代农民的首要作用就是把自然人培养教育成为社会人。所谓社会人，就是具有与社会发展相适应的经验、技能和文化政治素质，可以较好地处理个人与社会发展的关系，可以成功地扮演与自己成长阶段相适应的社会角色的人。农民的社会化是现代化的基本要求，也是实现现代化的基础。现代社区通过学校教育和社区组织的文化教育和技术培训，实现农民的社会化，进而实现现代化。如果说人们的第一个老师是母亲，那么农民的第一个学校便是社区，它成为农民社会化过程的第一个载体。其次，现代农村社区是提供农民参与社会公共事务的机会和场所。现代农民与传统农民的显著区别是参与社会的能力和机会。而农民参与社会公共事务是从参与社区开始的，只有广泛地参与了社区的建设与发展，才能更好地参与国家的建设事业。第三，现代农村社区是培养农民民主政治能力的阵地。农村的基层民主制度建设是国家社会主义民主制度建设的基础，广泛动员农民参与农村社区的民主制度建设是社会主义民主制度的集中体现和必然要求。实践证明，农民只有通过积极参与农村社区的民主选举、民主决策、民主管理、民主监督，才能更好地参与国家民主政治活动。第四，现代农村社区是培养农民优秀品德、与社区成员建立友好关系的平台。现代社区必须具有代表社会先进文化发展方向的精神文明成果，这些精神文明成果对培养教育农民树立爱国主义、集体主义、社会主义新的思想道德起到非常重要的作用。而展示农民新的思想道德素质、与社区成员建立友好关系的平台，就是现代农村社区。此外现代农村社区还可以给农民提供良好的生产、生活环境，有利于农民身体健康。总之，培养现代农民必须重视现代农村社区的重要作用。

三、加强现代农村社区建设

把我国农村的传统社区建设成为现代化的农村社区，是最终解决“三农”问题、实现农村全面小康社会、实现农村现代化的重要基础。农村社区与城市社区的区别就在于与社区成员在经济、社会、文化、卫生等方面都有着密切关系。建设现代农村社区是为培养现代农民提供一个良好的经济社会环境。

1. 现阶段我国农村社区建设的指导思想：以党的十六大提出的全面建设小康社会为目标，坚持城乡统筹协调发展的原则；坚持以人为本和人的全面发展的原则；坚持物质文明建设、政治文明建设、精神文明建设协调发展的原则；坚持人与自然和谐发展的原则；广泛动员国家、社会、农村集体和农民个人积极参与，加强农村社区社会主义市场经济体制建设、农村基层民主政治制度建设和农村生产、生活、文化基础设施建设，把我国传统的农村社区建设成为经济上繁荣富裕、政治上自由民主、社会上和谐进步的社会主义现代农村社区。

2. 继承发展我国历史文化优秀的文明成果，学习借鉴城市社区建设和国外农村社区建设的成功经验，因地制宜地做好现代农村社区建设的发展规划。我国有五千年的文明史，农村传统社区对于封建社会经济、政治、文化的发展发挥了重要的作用，许多古老文化村镇在乡村社区建设、农村资源的合理利用等方面创造了许多文明成果，可以在现代农村社区建设中继承发展；发展社区服务或者社区社会服务是我国城市社区建设的突出特点。1987 年在民政部主持召开的大连市民政工作现场会上，首次提出了开展社区服务。就是要在政府的领导下，发动和组织社区内的成员开展互助性社会服务活动，就地解决本社区的社会问题。同年 9 月，民政部又在武汉召开了社区服务工作座谈会，进一步提出开展社区服务，“其目的是调节人际关系，缓解社会矛盾，创造一个和谐、良好的社会环境”。在农村社区建设中除学习上述精神外，服务的范围还应包括生产服务的内容，服务的目的还应增加“满足农民日益增长的物质文化生活的需要”；国际社会和经济发达地区在社区发展中的成功经验可供我们借鉴。比如联合国1955年发表的《通过社区发展促进社会进步》的报告提出的，社区发展的目的是动员和教育社区内居民积极参与社区和国家建设，充分发挥创造性，与政府一起大力改变贫穷落后状况，以促进经济的增长和社会的全面进步。这一思想对今天我国农村社区建设有很强的指导意义。香港政府1991年对社区发展目标的定位，体现了以人为本的思想："社区发展的整体目标是促进社会关系，在社区内培养自我依赖、社会责任及社会凝聚的精神，并鼓励民众参与解决社区问题及改善社区生活的素质"借鉴上述思想，提高农民的物质的和精神的生活水平，解决目前的"三农"问题和实现"三农"的现代化，可以作为我国农村现代社区建设的规划目标。

3. 我国的传统农村社区是几千年小农经济下形成的，存在小、散、乱的问题，不利于农村基础设施建设和有效利用珍贵的土地资源。在现代农村社区的规划上要突破现在的格局，引导和鼓励务工的农民（在新的户籍制度出台之前，只能称他们为农民）向小城镇集中，务农的农民向中心村集中。除去具有保留价值的古迹，一般的小村落应该规划集中。这样可以把现代农村社区的建设重点放在中心村和小城镇。但是集中不等于农民上楼，现代农村社区的风格应当体现农村的特点。实现上述的两个集中，必须完成国家土地制度的改革和农村产权制度的改革，恢复农民对土地和农村集体资产的所有者地位。

举国上下齐动员，积极投身现代农村社区的建设。现代农村社区的建设是我国经济社会发展的重要任务，不光是农村、农民自己的事情。韩国1970年开始在全国兴起"新农村建设"运动，政府的各个部门、全国的各行各业都积极参加。我国农村社区建设任务重，难度大，必须发挥国家之力量方能奏效。

首先国家要坚持城乡统筹的方针，彻底打破城乡二元结构。不管是从我国工业化发展已经进入反哺农业阶段看，还是从缩小日益扩大的城乡差距的需要看，今后国家都要加大对农村社区发展的投入。这些投入一方面需要资金，同时更重要的是教育、科研、文化、卫生等部门切实要把工作的重点放到农村去。政府投入的重点应该是农村非竞争领域的公共基础设施和公益物品。

其次是采用市场开发的方法吸引社会资金投入农村社区建设。如果国家在政策上做适度调整，旧村改造就可以引入开发机制。农产品生产、加工、销售等社会化服务属于可以有偿或低偿服务的准公共事业，也应当鼓励社会力量参与。

第三，乡村社区及其成员是农村社区建设的主力军。乡村中党的基层组织是现代农村社区建设的领导核心，真正调动村民委员会、村经济合作社和农村民兵、青年团、妇联的作用，实现依法执政、民主决策、共建共享。抓好现代农村社区建设，是对基层党组织执政能力和水平的检验和锻炼，要作为新时期党在农村的工作重点。村民委员会要发挥好现代农村社区建设组织实施的职责。根据《中华人民共和国村民委员会组织法》的规定，“村民委员会是村民自我管理、自我教育、自我服务的基层群众性自治组织”。赋有“办理本村的公共事务和公益事业”、“管理本村属于村农民集体所有的土地和其他财产，教育村民合理利用自然资源，保护和改善生态环境”的职责。组织村民科学规划，合理利用国家的投资和本村的全部资源，积极吸引社会力量和社区成员参与社区的发展是建设好现代农村社区的关键。积极参与本社区的发展建设是现代农民的义务和责任，出色地履行义务和责任体现在两个方面，一是解决参与现代社区发展规划的制定和社区民主制度建设；二是积极主动地参加社区开展的公益活动，奉献爱心，展现才智。

4. 现代农村社区建设是一个涉及政治、经济、科学、文化、法律、道德建设的系统工程。因此，要把它作为对农民开展科学文化知识教育、思想道德教育和民主法制教育的大课堂，把教育工作贯穿到社区建设的全过程。联系社区建设和农民的思想认识的实际，把每项具体工作的落实都与培养教育农民联系起来。比如结合社区发展规划的制定，在工作开展之前，先向农民进行农业与农村现代化、社会主义市场经济制度、国家有关法律法规和农村环境与生态方面的知识教育，把知识交给农民才能做到科学、民主决策。这样，通过现代农村社区的建设，不仅农民的生产生活条件得到改善，而且思想道德素质和科学文化素质同步得到提高，最终达到人的全面发展和社会全面进步的目标。

5．现代农村社区建设的经济基础。农村社区建设的任务至少包括：生产生活基础设施建设、文化卫生事业发展、生产生活服务事业、基层民主制度和精神文明建设等。但是干每件事都需要有钱，在农村实行税费改革以后，特别是有些地方取消了农业税以后，农村公共事业的支出缺乏资金来源。当前，如何解决农村社区保证正常运转和不断发展的资金问题是现代农村社区建设的首要问题。根据各地创造的经验可以通过不同方法解决：①按照城乡统筹的思路，国家财政对农村社区视同城市社区，给予一定的管理公共事务的补贴；②国家财政支持农村社区建设一些生产设施，社区对外出租，利用租金支付社区日常费用；③在社区集体所有的企业改制时，划留一定的集体股，股份分红用于社区公共支出；④在集体土地承包过程中，留下部分“公田”，由村干部、电工、机手等公勤人员耕种或出租给别人经营，其收益用于社区公共支出；⑤与社会合作开发集体所有的山、水、林、田等资源，收益分成大部分返给集体成员，小部分用于公共支出。上述方法只能解决社区的日常运行费用，如果用于社区的现代化建设将满足不了需要，必须考虑新的资金来源。一是国家在土地开发政策上可以对农村社区适当放宽，允许农村社区在实施旧村改造时有一定面积的开发权，可以吸引社会资金进入社区建设；二是国家财政对农村社区的公共设施建设给予一定补助；三是从长远看，农村社区要在家庭经营的基础上发展新型合作经济，壮大经济实力，使之成为现代农村社区发展的经济基础。

第十章　开展农民教育培训与新型合作医疗的典型经验与案例

党的十六大提出要实现经济社会的协调发展，这是对我国近年来各地成功经验的总结。近年来全国各地已经开始关注教育、医疗等公共事业的发展，加大了对劳动力培训的投资力度，同时也创造和积累了一些经验。

一、北京农村远程教育系统

为了应对中国加入 WTO 后郊区农业面临的挑战，适应北京率先实现农业现代化的要求，北京市农林科学院将现代远程教育技术引入农民培训和信息服务领域。他们实施的“北京农村远程教育及信息服务工程”，目前已经建成了一个覆盖郊区 14 个区县的农村远程教育及信息服务系统。围绕提高农民科技文化素质，推进农业结构调整以及增加农民收入等目标，开展了农业科技培训、市场信息发布等多项服务工作，深受广大农民的欢迎。该系统具有以下特点：

1. 利用卫星传输等现代信息技术搭建系统平台。北京郊区总面积虽然只有 16 800 平方公里，但是市域的 62%是山区，农民居住比较分散，地形复杂，地面信息传输网络基础薄弱，如果采用常规的办法，在郊区农村铺设地面宽带网周期长，投资大。因此北京农村远程教育及信息服务系统采用了卫星传输建设主干网，同时接收端可以充分利用已有的宽带网络资源，这样有效地缩短了建设工期，节约了建设投资，扩大了网络覆盖面。

在卫星传输网络的基础上，该项工程还包括4个农业远程教育辅助系统。一是远程教育演播系统，用了来进行远程教育的直播教学。农业技术专家在演播室授课，郊区所有远程教室的学员都可以同时收听收看，还可以进行师生互动交流。二是课件制作系统，可以将农民迫切需要的实用技术的授课现场录制后，转换制作成适于网上播放的多媒体课件形式，方便农民时时收看学习，目前制作完成的多媒体课件已达1 000多项，课件内容达22类。三是建设农业远程教育网站，为远程教育接收站点和农民提供农林咨询、产品信息、资料下载等服务。四是农业信息语音服务系统，农民可以通过电话向市农科院的专家进行技术咨询。

2. 成立五级农村远程科技培训体系。①北京市农林科学院成立农业远程教育中心，负责技术设计、系统建设、课程制作和人员培训。②区县设立分中心，负责收集反馈基层科技需求，组织安排本区县农业远程教育工作。③乡镇设远程教育站，有管理员负责接收远程教育信息，组织本地农民参加技术培训，反馈农民的技术需求等。④村和农户则通过电话获取信息和服务。到2000年底，已经建成农业远程教育站点211处，14个区县都已经建立分中心，此外还在西藏、新疆等9个省市自治区建立远程教育站点40个。

3. 坚持农民培训、技术推广和信息服务相结合，发挥农、科、教部门联合优势，为农村经济社会的发展做出了突出贡献。①开展技术培训，提高农民科技文化素质。为实施“科教兴农”战略建功立业。农业远程教育网建成以后，已经先后邀请了百名专家通过“卫星专家课堂”的中心演播室讲授技术课。在2001—2002年两年间共直接培训农民35万人次，辐射受益农民100万人次。②实现一网多用，开展综合服务。为了提高系统利用效率，北京远程教育系统坚持综合服务的方针，除去向医疗、教育、文化部门开放的同时，还向农民提供市场信息、价格行情、等服务内容。③“非典”时期发挥非常作用。2003年北京发生了“非典”疫情，为了提高郊区医务人员防治“非典”知识，5月1～4日，北京市卫生局通过农村远程教育系统，开展了抗“非典”知识培训，对郊区12个区县的1 200多名基层医务人员进行了培训，大大提高了郊区防治“非典”的能力。同时还通过郊区的211个远程教育站点，广泛开展了农民防治“非典”科普知识讲座，向农民介绍防范措施、医院防治、家庭预防、科学饮食等知识。显示了在紧急情况下，分散培训的现代技术优势（根据北京市农科院典型材料整理）。

二、北京市朝阳区新型农村合作医疗制度

北京市朝阳区是典型的城乡结合地区，经济社会的发展较快，农民生活水平在北京郊区名列前茅。但是在集体经营时期的合作医疗制度逐步消亡的情况下，农民看病难和“因病致贫、因病返贫”的问题，越来越成为农民致富奔小康的拦路虎。在《国务院办公厅转发卫生部等部门关于建立新型合作医疗制度意见的通知》（国办发［2003］3号）文件下发以后，根据市政府有关精神并结合本区实际情况，制定了新型农村合作医疗制度。

1. 适用范围和基本原则。朝阳区新型合作医疗制度适用于本区范围内具有农业户口的农村居民、中学毕业由农业户口转为城镇户口尚未参加工作的居民、父母为农业户口而本人为城镇户口的新生儿童，以及转居未转工、自谋职业人员、征地超转的居民。上述情况代表了城乡结合部地区的鲜明特点。它遵循了实行以户为单位自愿参加，坚持以收定支、保障适度、收支平衡、专款专用的原则。

2. 组织管理。朝阳区新型合作医疗实行区乡两级管理的办

法。门诊或住院费用小于5 000元的基本医疗实行乡办乡管，费用在5 000元以上大病医疗统筹实行区办区管。区政府成立由政府办、区农委、区研究室、区卫生局、区财政局、区劳动保障局、区民政局、区审计局等有关部门和农民代表参加的新型合作医疗管理委员会，并在卫生局下设新型合作医疗管理中心。各乡政府成立乡新型合作医疗管理委员会，并下设办公室。

3. 新型合作医疗资金的筹集。全区实行统一政策、统一筹资标准、统一补偿比例。筹资采取个人交费、集体扶持和政府资助相结合的机制。在每人不低于208元的筹资标准内，市级财政每人每年资助10元，区级财政每人每年资助28元，乡级财政每人每年资助20元、村集体每人每年扶持70元、农民以家庭为单位参加，每个家庭成员缴费80元。在总的缴费额中，108元为基本医疗资金，100元作为大病医疗统筹资金。

4. 新型合作医疗医疗费报销的范围及标准。参加新型合作医疗的医疗费报销的范围：参加基本医疗的按本乡的有关规定执行，参加大病医疗统筹的医疗费报销的范围限于因病住院的医疗费用和特殊病症的报销。具体根据《北京市城镇职工基本医疗保险医疗费用支付范围及标准》执行。其中的特殊病症是指肾透析、肾移植术后抗排异治疗、恶性肿瘤门诊放射、化学治疗的患者，报销范围为在门诊做以上治疗连续发生的费用。

不能纳入大病统筹报销的项目有：除急诊外在非本人定点医疗机构住院的；因交通事故、医疗事故或者其它责任事故造成伤害的；因本人吸毒、打架斗殴或者其它违法行为造成伤害的；因自杀、自残酗酒等原因进行治疗的；按北京市现行有关规定不予报销的医疗检查、治疗、药品及其他费用；有挂名不住院或冒名顶替住院等欺诈行为的。

基本医疗报销标准：原则上在村卫生室就医报销60%，乡卫生院就医报销50%，区级以上医院就医报销40%。

大病医疗统筹报销标准：5 000元以下（包括5 000元和住

院），不予报销；住院或特殊病症发生费用5 001～30 000元，报销50%；30 001～50 000元，报销60%；50 001元以上部分报销70%。个人年累计最高报销额为50 000元，学生年累计报销额为60 000元。

5. 就诊及转诊管理。按照“区内就近就医”的原则，需住院治疗的原则上先在本乡卫生院就诊，需要转院的由卫生院开具证明，到乡主管部门备案。凡因急诊抢救不能在本区医疗机构诊治的住院治疗，须在住院后48小时内通知区大病医疗统筹管理办公室，否则不予补偿报销。大病医疗统筹就医限定为区内政府举办的一级以上医院。

6. 组织管理和监督。新型农村合作医疗实行管理委员会负责制，日常事务由新型合作医疗管理委员会办公室负责。设立朝阳区新型合作医疗管理中心（事业单位）。新型合作医疗的大病统筹资金由区劳动保障局专门管理。成立由有关部门与参加新型合作医疗的农民代表共同组成的新型农村合作医疗监督委员会（根据《北京市朝阳区新型农村合作医疗管理办法》整理）。

三、农村学校在农民教育中的作用

在中国农村的许多地方，小学校只是看成教育孩子的地方。然而在甘肃陇南县，由于采取了农村社区与学校合作开展面向农民的扫盲教育，使学校成为农村社区文化教育和技术培训的中心。为了使农民能够学到实用的脱贫技能和得到致富信息，村干部通过筹集教育资金、改善办学条件、升级学校质量等方式支持学校发展。而学校教师则承担了农业技术培训、指导提高农产品产量和质量的技术试验。有些学校还从农户改水改厕、厨房改造入手，改进农民的生活条件。

扫盲对于农民并不陌生，然而把扫盲与农民脱贫结合起来还不多见。陇南县在开展扫盲工作中密切结合解决贫困问题，密切结合改善农民生活质量，吸引了农民踊跃参加。同时在扫盲的基础上，还组织农民创建健康社区环境活动。

兴办家长学校是他们教育农民的又一种形式。在大多数情况下，文盲的家长对孩子的学习就不重视。为了使文盲农民认识到孩子上学的价值，陇南县前河堰小学在社区的帮助下，开办了家长学校，并邀请当地在教育界有名望的人甚至请宗教领袖担任名誉校长。家长学校培训的内容是根据家长的实际需要安排。10年来，已经有3 400名家长在学校里接受了培训。培训的结果不仅使他们脱盲，而且明显提高了在教育孩子上与学校配合的积极性（根据《国际农村教育报告》资料整理）。

附录一

全国新型农民科技培训规划

（2003—2010 年）

为进一步贯彻落实科教兴国战略和党的十六大精神，针对我国农业进入新阶段和加入 WTO 后“三农”所面临的机遇和挑战，围绕农业部《优势农产品区域布局规划》，大力提高农民科技文化素质，促进农业增效，农民增收和农产品国际竞争力增强，特制定《2003—2010 年全国新型农民科技培训规划》。

一、背景

改革开放以来，在党中央、国务院的领导下，在地方各级党委、政府和各有关部门的重视、支持下，农民科技培训工作坚持面向农业、农村和农民的方针，坚持农科教结合的发展方向，多渠道、多层次、多形式开展，推广了一大批农业新技术、新成果、新品种和新方法，培养了一大批农民技术骨干，初步形成了农民职业教育技术培训网络，使我国农民科技培训工作朝着规范化、制度化方向发展，有效地提高了农民的科技素质，为农业和农村经济发展做出了重要贡献。农民科技培训工作虽然取得了一定成绩，但与全面建设小康社会和农业现代化的要求还有很大差距和不足。一是对农民科技培训重要意义认识不到位；二是农民科技培训的投入、激励、监督等机制不健全，没有法律保障；三是用于农民科技培训经费严重不足；四是有限的农民科技培训资源没有得到有效整合和利用，农民科技培训体系亟待完善。

当前，我国农业和农村经济发展出现了两个历史性转变：一是农业进入新阶段，农产品供求格局发生了历史性转变；二是我国加入 WTO，农业和农村经济发展的外部环境发生了历史性转变。两个历史性转变要求千方百计提高农业的科技含量，提高农产品国际竞争力。农民是农业生产的主体，也是农业科学技术转化的重要载体，农民科技文化素质的高低直接决定着农业生产力的发展水平。目前，我国农民平均受教育年限不足 7 年，农村劳动力中，小学文化程度和文盲半文盲占 40.31%，初中文化程度占 48.07%，高中以上文化程度仅占 11.62%，系统接受农业职业教育的农村劳动力不到 5%。据国家统计局和有关调查显示，农民的收入水平与其科技文化素质呈明显的正相关。我国农村劳动力科技文化素质不高，不仅直接影响着农民的经济收入，也严重制约着农业劳动效率的提高，影响了国民经济和社会的可持续发展。因此，大力开展农民科技培训，提高农村劳动者的思想道德和科学文化素质，培养一大批觉悟高、懂科技、善经营的新型农民，把沉重的人口负担转化为强大的人力资源优势，对于提高农业的空间含量和国际竞争力，推进农业和农村经济发展具有重要的战略意义，也是从根本上解决农业、农村和农民问题的有效途径。

二、指导思想和原则

（一）指导思想

以邓小平理论和“三个代表”重要思想为指导，贯彻落实科教兴国战略和党的十六大精神，面对加入 WTO 的机遇和挑战，坚持体制和机制创新，紧紧围绕农业结构战略性调整和农业产业化经营，动员和利用各种科技教育资源，开展多层次、多渠道多形式的新型农民科技培训，不断提高广大农民的科技文化素质，促进农业增效、农民增收、农产品竞争力增强，为全面建设小康社会提供智力支持。

（二）基本原则

1. 分类培训原则。面对农村基层干部、青壮年农民、农村妇女、后备农民以及农民企业家等不同培训对象，按照不同区域、不同产业、经济发展不同程度，采取形式多样、内容各异的分类培训。

2. 服务产业原则。立足于区域经济、科技和教育资源的现状，围绕各地的农业优势产业和特色农业开展培训。培训以经济建设为中心、以产业为依托、以市场为导向、以农民致富为目标，为地方农业结构调整和产业化经营服务。

3. 注重实效原则。紧密结合农时季节和需求，开展灵活多样、不同形式的技术培训。使农民一看就懂，一学就会，学了能用，用能致富。要加强案例和实践教学，利用各种形式传播农业科技知识。

4. 创新机制原则。按照农村经济发展要求，对现有农业科技教育资源进行整合，使其在农民科技培训中发挥更大的作用。对培训单位要引入竞争机制，健全项目管理制度，创新培训模式，充分利用现代教育手段，努力提高培训质量和效果。

三、目标和任务

（一）目标

通过实施新型农民科技培训规划，培养一大批觉悟高、懂科技、善经营，能从事专业化生产和产业化经营的新型农民。到2005年，使在重点产业和重点区域从事农业生产的骨干农民科技文化素质在整体上有明显的提高；到2010年，使受训农民的科技文化素质在总体上与我国现代农业发展水平相适应。在我国逐步建立起一个适应需求、服务农民、手段先进、灵活高效的农民科技教育培训体系，逐步形成政府统筹、农业部门牵头、相关部门协作配合、社会广泛参与的新型农民科技培训运行机制。

（二）任务

实施“绿色证书工程”、“跨世纪青年农民科技培训工程”、“新型农民创业培植工程”、“农村富余劳动力转移就业培训工程”和“农业远程培训工程”五大“工程”，建立健全农民科技教育培训体系，全面推进新型农民科技培训工作。上述“五大工程”培训对象、目标各有侧重，相互衔接。

1. 绿色证书工程。“绿色证书”培训是我国农民科技培训的一项基本制度，主要是按农业生产岗位规范要求对广大农民开展培训，培养骨干农民，现已培训 1 300 万人。计划 2003—2005 年培训 600 万人；2006—2010 年再培训 1 000 万人。8 年共培训 1 600 万人，届时，在农村达到每 8 户农民有一个人参加绿色证书培训。

2. 世纪青年农民科技培训工程。由农业部、财政部和团中央共同组织实施，主要是对农村优秀青年开展以科技为主的综合性培训，培养农村致富带头和建设社会主义新农村的中坚，已培训 154 万人。计划 2003—2005 年培训 300 万人；2005—2010 年再培训 500 万人。8 年共培训 800 万人，届时，基本达到每个村民小组有 1～2 名优秀青年农民参加培训。

3. 新型农民创业培植工程。主要是从参加前两大工程培训的学员中，选拔能开展规模化生产和具有创业能力的优秀学员，通过政策引导、信息服务、创业资金扶持和后援技术支持，将其培植成规模化和专业化生产经营的农场主和农民企业家。该“工程”从 2003 年开始启动，计划 2003—2005 年培植农民 3 万人；2006—2010 年再培植 7 万人，届时，达到每个乡（镇）培植 2～3 人。

4. 农村富余劳动力转移就业培训工程。主要是对农村富余劳动力转移就业进行引导性和示范性培训，提高农民进城务工就业素质和技能，促进农村富余劳动力合理有序流动。该项工程会同有关部门共同实施。计划2003—2005年培训300万人；2006—2010年再培训1 000万人。8年共培训1 300万人。

5. 就业远程培训工程。主要是运用现代教育手段，加大传播覆盖面，快捷有效地向广大农民提供技术、信息和咨询服务，使农业科技成果迅速走进千家万户。2003—2010年农业远程培训计划开发培训课程400门，录制广播电视节目4 000小时，编译少数民族语言广播电视节目800小时，向全国播出100 000小时，向农民发送农业科技光盘1 000万张。同时继续加大“农业科技电波入户计划”实施力度，到2010年，全国90%以上的县实现电波入户。

建设农民科技教育培训体系。有效整合农业科技教育资源，利用农业广播电视学校体系或农业科技教育培训机构，建立并完善以农业部农民科技教育培训中心为龙头，以各级农业科技教育培训中心为骨干，以高中等农业院校、科研院所和农业技术推广机构为依托，以企业与民间科技服务组织为补充，以县、乡、村农业技术推广服务体系和各类培训机构为基础的，从中央到省、地、县、乡相互衔接、上下贯通的农民科技教育培训体系，为实施五大培训“工程”提供保障。重点加强农业部农民科技教育培训中心和县、乡农民科技教育培训基地的建设。选择农民科技教育培训工作基础较好的500个县、2 000个乡（镇）进行示范。

四、重点与内容

根据当前农业和农村经济发展的新形势，按照《优势农产品区域布局规划》、《优势农产品竞争力提升科技行动》和即将制定的全国农村富余劳动力转移就业培训规划的总体思路，确定新型农民科技培训的重点和内容。

（一）培训重点

根据我国农业产业结构调整和构建优势农产品产业带的发展战略，因地制宜地确定农民科技培训实施重点。东部地区和大、中城市郊区，重点培训农民大力发展高科技农业、高附加值农业、出口创汇农业的生产技术和经营管理知识；中部地区，重点培训农民优化粮食品种和品质结构，发展优质、专用粮食和集约化养殖，根据市场需求发展高效农业的生产技术和经营管理知识；西部地区，重点培训农民退耕还林还草，大力发展畜牧业和林果业，发展特色农业和生态农业的生产技术和经营管理知识。重点加强优势农产品区域的新型农民科技培训。一定要加强国内消费量大，生产有潜力，通过扶持和发展，能够有效抵御进口产品冲击的优势农产品产加销技术培训。主要包括专用小麦、专用玉米、高油大豆、棉花、“双低”油菜、甘蔗和牛奶等。培训这类农产品生产、加工、储运销售等技术，帮助农民提高产品质量、降低生产和交易成本，搞好产销衔接，从而实现稳住国内存量市场，抢占增量市场的发展目标；二要加强在国际市场上具有明显价格竞争优势，有扩大出口潜力的农产品产加销技术培训。主要包括苹果、柑橘、牛羊肉、水产品等。培训这类农产品生产、加工、储运、销售技术，重点培训产品质量安全、产后商品化处理和市场营销服务等关键环节，增强竞争优势，扩大出口，打造知名品牌，提高规模化生产和现代化管理水平，从而实现进一步扩大国际市场份额的发展目标。

（二）培训内容

——提高农民生产技术水平的农业新知识、新品种、新技术；

——提高农民环保和食品安全意识的农业环境保护、无公害农产品、食品安全、标准化生产等知识；

——提高农民经营管理水平和适应市场经济能力的经营、管理和市场经济知识与技能；

——提高农民职业道德、法律意识和政策水平的职业道德、法律知识和农业、农村有关政策等；

——提高农民转岗就业能力所需的知识和技能。

（三）保障措施

1. 强化政府行为，进一步加强对农民科技培训工作的领导。当前，要把农民科技培训工作放在农业和农村工作的重要位置，增强紧迫感和责任感，理清思路，明确重点。要加强宏观调控，完善运行机制，充分利用现有农业教育资源，促进农村科教的有效结合，积极探索多部门协作的农民科技培训工作的新路子。要强化农民科技培训的政府行为，进一步加强领导，建立健全由农业部门牵头，各有关部门参与的农民科技培训工作领导机构，统一组织，互相配合，通力协作。要积极探索和研究制定有利于农民科技培训工作的政策措施，调动和激发广大农民学科技、用科技的积极性，努力营造农民科技培训工作的良好环境。

2. 加大经费投入，保障农民科技培训工作的顺利开展，加强对农民科技培训投入是我国加入 WTO 后重要的"绿箱"政策。要进一步加大对农民科技培训工作的经费投入，建立以政府投入为主导的多元化农民科技培训投入体制，实行中央财政投一点，各级地方财政拿一点，各农业类基地建设、综合开发、科技推广等项目经费列一点的办法，解决农民科技培训经费不足的问题。要研究切实可行的经济补偿机制，减轻农民接受科技培训的经济负担，为农民接受科技培训创造条件。建议将农民科技培训经费列入地方本级财政预算，要保证各级配套资金的及时落实。要积极拓宽融资渠道，鼓励农业产业化龙头企业参与农民科技培训工作，建立市场经济条件下的智力投入保障机制。对农民科技培训资金，要确保及时足额到位，并实行项目管理，做到专款专用，使资金发挥最大效益。

3. 注重实际效果，切实提高农民科技培训的质量和水平。加强农民科技培训工作，要坚持实用、实际、实效的原则，因地制宜，讲究针对性，突出实效性，注重带动性。要善于运用广播、电视、互联网等现代媒体和远程教育手段，努力扩大农民科技培训的覆盖面。农民科技培训单位要牢固树立质量意识，深化教学改革和内部人事分配制度改革，加强师资培训，完善规章制度，强化教学管理，规范教材的编写、出版和使用，规范教学计划的制定和执行，建立健全农民科技培训的教学支撑体系。要解决开展农民科技培训的教学研究活动，不断探索行之有效的教学模式，教学手段和教学方法，切实提高农民科技培训的质量、效益和水平。农业行政部门要加强对农民科技培训工作的管理、督促与检查，建立岗位目标责任制度，把农民科技培训工作绩效作为农业部门年度考核的重要内容。要建立和完善各项管理制度，制定切实可行的考核评估办法，建立激励机制，促进农民科技培训工作上质量、上水平。

4. 加强立法工作，积极推进农民科技培训工作法制化建设，要根据《中华人民共和国农业法》、《中华人民共和国农业技术推广法》、《中华人民共和国教育法》和《中华人民共和国职业教育法》等国家有关法律法规，开展农民科技培训工作。要加强有关农民科技培训法律、法规的宣传，加大执法和监督力度。要总结我国农民科技培训管理工作中的成功经验，学习和借鉴国外好的做法，根据农业和农村经济发展对农民科技培训的要求，制定农民科技培训的专门法律法规，把农民科技培训工作纳入规范化和制度化的轨道，使农民科技培训工作在法制保障下正常有序地开展。

引自《农民日报》2003 年 7 月 2 日第 8 版

附录二

中共中央国务院关于进一步加强农村卫生工作的决定

农村卫生工作是我国卫生工作的重点，关系到保护农村生产力、振兴农村经济、维护农村社会发展和稳定的大局，对提高全民族素质具有重大意义。改革开放以来，党和政府为加强农村卫生工作采取了一系列措施，农村缺医少药的状况得到较大改善，农民健康水平和平均期望寿命有了很大提高。但是，从总体上看，农村卫生工作仍比较薄弱，体制改革滞后，资金投入不足，卫生人才匮乏，基础设施落后，农村合作医疗面临很多困难，一些地区传染病、地方病危害严重，农民因病致贫、返贫问题突出，必须引起各级党委和政府的高度重视。为进一步加强农村卫生工作，现作出如下决定。

一、农村卫生工作的指导思想和目标

1. 农村卫生工作的指导思想。贯彻落实江泽民同志“三个代表”重要思想，坚持以农村为重点的卫生工作方针，从农村经济社会发展实际出发，深化农村卫生体制改革，加大农村卫生投入，发挥市场机制作用，加强宏观调控，优化卫生资源配置，逐步缩小城乡卫生差距，坚持因地制宜，分类指导，全面落实初级卫生保健发展纲要，满足农民不同层次的医疗卫生需求，从整体上提高农民的健康水平和生活质量。

2. 农村卫生工作的目标。根据全面建设小康社会和社会主义现代化建设第三步战略目标的总体要求，到2010年，在全国农村基本建立起适应社会主义市场经济体制要求和农村经济社会发展水平的农村卫生服务体系和农村合作医疗制度。主要包括：建立基本设施齐全的农村卫生服务网络，建立具有较高专业素质的农村卫生服务队伍，建立精干高效的农村卫生管理体制，建立以大病统筹为主的新型合作医疗制度和医疗救助制度，使农民人人享有初级卫生保健，主要健康指标达到发展中国家的先进水平。沿海经济发达地区要率先实现上述目标。

二、加强农村公共卫生工作

1. 明确农村公共卫生责任。各级政府按照分级管理，以县（市）为主的农村卫生管理体制，对农村公共卫生工作承担全面责任。国家针对现阶段影响农民健康的主要公共卫生问题，制定农村公共卫生基本项目和规划，各省、自治区、直辖市制定实施方案，市（地）、县（市）具体组织实施，全面落实农村公共卫生各项任务。

2. 加强农村疾病预防控制。坚持预防为主的方针，提高处理农村重大疫情和公共卫生突发事件的能力，重点控制严重危害农民身体健康的传染病、地方病、职业病和寄生虫病等重大疾病。到2010年，农村地区儿童计划免疫接种率达到90%以上；95%以上的县（市、区）实施现代结核病控制策略；75%的乡（镇）能够为艾滋病病毒感染者和艾滋病患者提供预防保健咨询服务；95%以上的县（市、区）实现消除碘缺乏病目标；地方病重病区根据本地区情况，采取改水、改灶、换粮、移民、退耕还林还草等综合性措施，有效预防和控制地方病。积极开展慢性非传染性疾病的防治工作。

3. 做好农村妇幼保健工作。制定有效措施，加强农村孕产妇和儿童保健工作，提高住院分娩率，改善儿童营养状况。要保证乡（镇）卫生院具备处理孕产妇顺产的能力；县级医疗机构及中心乡（镇）卫生院具备处理孕产妇难产的能力。到2010年，全国孕产妇死亡率、婴儿死亡率要比2000年分别下降25%和20%。采取重点干预措施，有效降低出生缺陷发生率，提高出生人口素质。

4. 大力开展爱国卫生运动。以改水改厕为重点，加强农村卫生环境整治，促进文明村镇建设。根据各地不同情况，制定农村自来水普及率和卫生厕所普及率目标，并逐年提高。推进“亿万农民健康促进行动”，采取多种形式普及疾病预防和卫生保健知识，引导和帮助农民建立良好的卫生习惯，破除迷信，倡导科学、文明、健康的生活方式。

三、推进农村卫生服务体系建设

1. 建设社会化农村卫生服务网络。农村卫生服务网络由政府、集体、社会、个人举办的医疗卫生机构组成。打破部门和所有制界限，统筹规划、合理配置、综合利用农村卫生资源，建立起以公有制为主导、多种所有制形式共同发展的农村卫生服务网络。发挥市场机制的作用，多渠道吸引社会资金，发展民办医疗机构，支持城市医疗机构和人员到农村办医或向下延伸服务，对符合条件的民办医疗机构，应一视同仁，并按机构性质给予税收减免等鼓励政策。农村预防保健等公共卫生服务可由政府举办的卫生机构提供，也可由政府向符合条件的其他医疗机构购买。省级人民政府要根据县、乡、村卫生机构功能，制定基本设施配置标准。到2010年，基本完成县级医院、预防保健机构和乡（镇）卫生院房屋设备的改造和建设任务，已有的卫生院以改造为主，保证开展公共卫生和基本医疗服务所需的基础设施和条件。

2. 发挥农村卫生网络的整体功能。政府举办的县级卫生机构是农村预防保健和医疗服务的业务指导中心，承担农村预防保健、基本医疗、基层转诊、急救以及基层卫生人员的培训及业务指导职责。乡（镇）卫生院以公共卫生服务为主，综合提供预防、保健和基本医疗等服务，受县级卫生行政部门委托承担公共卫生管理职能。乡（镇）卫生院要改进服务模式，深入农村社区、家庭、学校，提供预防保健和基本医疗服务，一般不得向医院模式发展。村卫生室承担卫生行政部门赋予的预防保健任务，提供常见伤、病的初级诊治。要注重发挥社会、个人举办的医疗机构的作用。进一步完善乡村卫生服务管理一体化，鼓励县、乡、村卫生机构开展纵向业务合作，提高农村卫生服务网络整体功能。计划生育技术服务机构是农村卫生资源的组成部分。医疗卫生机构和计划生育技术服务机构要按照有关法律法规的规定，明确职能，发挥各自在农村卫生工作中的应有作用，实现优势互补、资源共享。

3. 推进乡（镇）卫生院改革。调整现有乡（镇）卫生院布局，在乡（镇）行政区划调整后，原则上每个乡（镇）应有一所卫生院。调整后的乡（镇）卫生院由政府举办，要严格控制规模，按服务人口、工作项目等因素核定人员，卫生院的人员、业务、经费等划归县级卫生行政部门按职责管理。对其余的乡（镇）卫生院可以进行资源重组或改制。要在全县（市）或更大范围内公开招聘乡（镇）卫生院院长，竞争上岗，实行院长任期目标责任制，保证其相应待遇，并将其工资和医疗保险单位缴费部分列入财政预算。要积极推进乡（镇）卫生院运行机制改革，探索搞活卫生院的多种运营形式，实行全员聘用制，形成有生机活力的用人机制和分配激励机制，提高乡（镇）卫生院效率。在改制过程中要规范资产评估、转让等操作程序，妥善安置人员，变现资金应继续用于农村卫生投入。

4. 提高农村卫生人员素质。高等医学院校要针对我国农村卫生实际需要，通过改革培养模式，调整专业设置和教学内容，强化面向农村需要的全科医学教育，可采取初中毕业后学习 5 年或高中毕业后学习3年的高等专科教育等方式,定向为农村培养适用的卫生人才。鼓励医学院校毕业生和城市卫生机构的在职或离退休卫生技术人员到农村服务。建立健全继续教育制度,加强农村卫生技术人员业务知识和技能培训,鼓励有条件的乡村医生接受医学学历教育。对卫生技术岗位上的非卫生技术人员要有计划清退,对达不到执业标准的人员要逐步分流。到2005年,全国乡(镇)卫生院临床医疗服务人员要具备执业助理医师及以上执业资格,其他卫生技术人员要具备初级及以上专业技术资格;到2010年,全国大多数乡村医生要具备执业助理医师及以上执业资格。

5. 发挥中医药在农村卫生服务中的优势与作用。合理配置卫生资源,加强县级中医医院和乡(镇)卫生院中医科建设,为农村中医药发展提供必要的物质条件,逐步形成中医特色和优势。加强乡村医生的中医药知识和技能培训,培养一批具有中医执业助理医师以上资格的农村中医骨干。鼓励农村临床医疗服务人员兼学中医并应用中医药诊疗技术为农民服务。要筛选推广农村中医药适宜技术,扩大中医药服务领域,在规范农村中医药管理和服务的基础上,允许乡村中医药技术人员自种、自采、自用中草药。要认真发掘、整理和推广民族医药技术。

6. 促进农村药品供应网络建设。支持鼓励大型药品经营企业通过兼并和改造县(市、区)药品批发企业,建立基层药品配送中心,鼓励药品零售连锁经营向农村延伸,方便农民就近购药。逐步推行农村卫生机构药品集中采购,也可由乡(镇)卫生院为村级卫生机构统一代购药品,但代购方不得以谋利为目的。有条件的地区可试行药品集中招标采购。制定乡村医生基本用药目录,规范用药行为。

四、加大农村卫生投入力度

1. 政府卫生投入要重点向农村倾斜。各级人民政府要逐年增加卫生投入，增长幅度不低于同期财政经常性支出的增长幅度。从2003年起到2010年，中央及省、市（地）、县级人民政府每年增加的卫生事业经费主要用于发展农村卫生事业，包括卫生监督、疾病控制、妇幼保健和健康教育等公共卫生经费、农村卫生服务网络建设资金等。要研究制定具体补助办法，规范政府对农村卫生事业补助的范围和方式。

2. 合理安排农村公共卫生经费。县级财政要根据国家确定的农村公共卫生基本项目，安排人员经费和业务经费。省、市（地）级财政要对县、乡开展公共卫生工作给予必要的业务经费补助。此外，省级财政还要承担购买全省计划免疫疫苗和相关的运输费用。中央财政通过专项转移支付对困难地区的重大传染病、地方病和职业病的预防控制等公共卫生项目给予补助。

3. 合理安排农村卫生机构经费和建设资金。县级人民政府负责安排政府举办的农村卫生机构开展公共卫生和必要的医疗服务经费、离退休人员费用和发展建设资金。中央和省级财政对贫困地区农村卫生机构基础设施建设和设备购置给予补助。

4. 加强农村卫生经费管理。按照规定的项目、标准和服务量将农村卫生经费纳入各级财政预算。地方各级人民政府要认真做好农村卫生专项资金使用的管理和监督，严禁各种挪用和浪费行为，充分发挥资金使用效益。

5. 加大卫生支农和扶贫力度。建立对口支援和巡回医疗制度。组织城市和军队的大中型医疗机构开展“一帮一”活动，采取援赠医疗设备、人员培训、技术指导、巡回医疗、双向转诊、学科建设、合作管理等方式，对口重点支援县级医疗卫生机构和乡（镇）卫生院建设。县级医疗机构要建立下乡巡回医疗服务制度，各地要为每个县配备一辆巡回医疗车，中央对贫困、民族地区购置巡回医疗车及其附属医疗设备给予资金补助，巡回医疗车的日常运行费用由地方财政负责。大力支持开展视觉“光明行动”等巡回医疗活动。严格执行城市医生在晋升主治医师或副主任医师职称前到农村累计服务一年的制度。政府组织的卫生支农所需经费由派出机构的同级财政给予补助。中央和省级人民政府要把卫生扶贫纳入扶贫计划，作为政府扶贫工作的一项重要内容，并在国家扶贫资金总量中逐步加大对卫生扶贫的投入，帮助贫困地区重点解决基础卫生设施建设，改善饮水条件，加强妇幼卫生和防治传染病、地方病等方面的困难。

五、建立和完善农村合作医疗制度和医疗救助制度

1. 逐步建立新型农村合作医疗制度。各级政府要积极组织引导农民建立以大病统筹为主的新型农村合作医疗制度，重点解决农民因患传染病、地方病等大病而出现的因病致贫、返贫问题。农村合作医疗制度应与当地经济社会发展水平、农民经济承受能力和医疗费用需要相适应，坚持自愿原则，反对强迫命令，实行农民个人缴费、集体扶持和政府资助相结合的筹资机制。农民为参加合作医疗、抵御疾病风险而履行缴费义务不能视为增加农民负担。有条件的地方要为参加合作医疗的农民每年进行一次常规性体检。要建立有效的农民合作医疗管理体制和社会监督机制。各地要先行试点，取得经验，逐步推广。到2010年，新型农村合作医疗制度要基本覆盖农村居民。经济发达的农村可以鼓励农民参加商业医疗保险。

2. 对农村贫困家庭实行医疗救助。医疗救助对象主要是农村五保户和贫困农民家庭。医疗救助形式可以是对救助对象患大病给予一定的医疗费用补助，也可以是资助其参加当地合作医疗。医疗救助资金通过政府投入和社会各界自愿捐助等多渠道筹集。要建立独立的医疗救助基金，实行个人申请、村民代表会议评议，民政部门审核批准，医疗机构提供服务的管理体制。

3. 政府对农村合作医疗和医疗救助给予支持。省级人民政府负责制定农村合作医疗和医疗救助补助资金统筹管理办法。

省、市（地）、县级财政都要根据实际需要和财力情况安排资金，对农村贫困家庭给予医疗救助资金支持，对实施合作医疗按实际参加人数和补助定额给予资助。中央财政通过专项转移支付对贫困地区农民贫困家庭医疗救助给予适当支持。从2003年起，中央财政对中西部地区除市区以外的参加新型合作医疗的农民每年按人均10元安排合作医疗补助资金，地方财政对参加新型合作医疗的农民补助每年不低于人均10元，具体补助标准由省级人民政府确定。

六、依法加强农村医药卫生监管

1. 强化农村卫生监督管理。卫生行政部门要加强行业管理，强化农村卫生机构、从业人员、卫生技术应用等方面的准入管理。加强农村卫生服务质量的评估、管理与监督，重点对乡、村卫生机构医疗操作规程、合理用药和一次性医疗用品、医疗器械消毒进行监督检查，规范农村卫生服务行为，保证农民就医安全。政府价格主管部门要加强对农村医疗服务价格及收费行为的监督管理。县级人民政府要充实力量，加大对乡、村巡回卫生监督的力度，加强对职业病防治、食品安全和生产销售健康相关产品的卫生监督工作，严禁危害农民身体健康的生产经营活动。严厉打击非法行医和其他危害公共卫生的违法行为。

2. 加强农村药品监管。药品监管部门要定期组织对县及县以下药品批发企业、零售企业、农村卫生机构的药品采购渠道和药品质量的检查，开展对制售假劣药品、过期失效药品、兽药人用等违法行为的专项治理，严肃查处无证无照经营药品行为，取缔各种非法药品集贸市场，大力整顿和规范中药材专业市场。要充实县级药品监管力量，积极为基层培养药品监管人员，改善药品监管装备条件，扩大农村用药监督检查和抽验的覆盖面，保证农民用上合格药品。政府价格主管部门要加强对农村医疗机构、药店销售药品的价格监督，严厉查处价格违法违规行为。

3. 加强高毒农药及剧毒杀鼠剂管理。政府主管部门要加强对农药特别是高毒农药的管理，严格实行农药生产经营许可制度。要认真做好杀鼠剂的登记审批工作，对申请登记的杀鼠剂进行严格审查，今后不再批准杀鼠剂的分装登记。要大力开展对制售高毒农药和杀鼠剂的专项整治活动，依法严厉打击非法生产、销售国家明令禁止的剧毒药品行为，对其制售窝点要坚决予以查封和取缔。要加强宣传教育工作，增强农民拒绝使用剧毒鼠药的意识。针对可能发生的农药生产和使用中毒，要制定应急预案。

七、加强对农村卫生工作的领导

1. 高度重视农村卫生工作。做好农村卫生工作，保护和增进农民健康，是各级党委和政府义不容辞的责任。我们要从实践“三个代表”重要思想的高度，充分认识加强农村卫生工作的重大意义，以对人民高度负责的精神，加强对农村卫生工作的领导。各级人民政府要定期研究农村卫生改革与发展工作。省、自治区、直辖市人民政府要全面贯彻中央的农村卫生工作方针政策，把初级卫生保健纳入国民经济和社会发展规划，制定本地区农村初级卫生保健发展规划，落实人力、物力、财力等各项保障措施，保证各项规划目标的实现。市（地）、县人民政府要全面落实农村初级卫生保健发展规划，把改善农村基本卫生条件、组织建立新型农村合作医疗制度、提高农民健康水平、减少本地区因病致贫和因病返贫人数、保证农村卫生支出经费等目标作为领导干部政绩考核的重要内容。经济发达地区，在完成中央提出的各项发展目标和任务的基础上，要根据本地经济发展水平和农民需要，加快农村卫生事业发展，提高农民医疗和健康水平。

2. 落实有关部门责任。中央和国家机关有关部门要对农村卫生的全局性问题制定切实可行的方针政策，并运用转移支付、西部开发、卫生扶贫等方式帮助经济欠发达地区发展农村卫生事业。各级党委和政府要组织协调有关部门，动员全社会力量共同做好农村卫生工作。卫生行政部门要充分发挥主管部门职能作用，宣传、计划、经贸、教育、科技、民政、财政、人事、农业、计划生育、环保、药监、体改、中医药、扶贫等有关部门要明确在农村卫生工作中的职责和任务，群众团体要在农村卫生工作中发挥积极作用。国务院和省、自治区、直辖市人民政府每年要对农村卫生工作情况进行专项督查，确保农村卫生各项工作的完成。

新华社　2002年10月30日

参 考 文 献

[1] 周志祥等．农村发展经济学．中国人民大学出版社，1988 年
[2] 农业部软科学委员会办公室．农民收入与劳动力转移．中国农业出版社，2001 年
[3] 戎殿新等．各国农业劳动力转移问题研究．经济日报出版社，1989 年
[4] 武斌．我们离现代化还有多远．中国经济出版社，1999 年
[5] (美) 马尔科姆·吉利斯．发展经济学．经济科学出版社，1992 年
[6] 全国干部培训教材编审指导委员会．邓小平理论基本问题．人民出版社，2002 年
[7] 江泽民．论有中国特色社会主义．中央文献出版社，2002 年
[8] 卢福财．人力资源经济学．经济管理出版社，1997 年
[9] 王火．健康行动．北京出版社，2003 年
[10] 劳动和社会保障部培训就业司．农村就业促进政策高级研讨会论文集．中国劳动社会保障出版社，2000 年
[11] (丹) 奥·贝克加阿德等．丹麦城乡合作组织．经济科学出版社，1992 年
[12] 刘振邦．当代世界农业．中原农民出版社，1993 年
[13] 章政．现代日本农协．中国农业出版社，1998 年
[14] (美) 西奥多·W·舒尔茨．改造传统农业．商务印书馆，1999 年
[15] 张忠根，田万获．中日韩农业现代化比较研究．中国农业出版社，2002 年
[16] 国家教育发展研究中心．2002 年中国教育绿皮书．教育科学出版社，2002 年
[17] 国家教育发展研究中心．2000 年中国教育绿皮书．教育科学出版社，2000 年
[18] 中国社会科学院农村发展研究所、国家统计局农村社会经济调查队．2001—2002 年：中国农村经济形势分析与预测．社会科学文献出版

社，2002 年
[19] 沈利生，朱运法著．人力资本与经济增长分析．社会科学文献出版社，1998 年
[20] 陆学艺．中国农村现代化基本问题．中共中央党校出版社，2001 年
[21] 北京市委组织部，北京市人事局，中国人民大学．首都人才发展战略研究报告．中国人民大学出版社，2004 年 3 月
[22] 体育院校成人教育协作组．教育学．人民体育出版社，2002 年
[23] 国际农村教育研究与培训中心．国际农村教育报告 .2001 年 9 月
[24] 刘斌，张兆刚，霍功．中国“三农”问题报告．中国发展出版社，2004 年 4 月
[25] 朱启臻著．中国农民职业技术教育研究．中国农业出版社，2003 年 7 月
[26] 刘豪兴主编．农村社会学．中国人民大学出版社，2004 年 2 月
[27] 张军，王晓毅，王峰．传统村庄的现代跨越．山西经济出版社，2003 年 1 月
[28] 张蔚萍．思想政治工作学教程．中国党史出版社，2004
[29] 徐永祥．社区发展论．华东理工大学出版社，2000 年

后　记

《培养现代农民》一书从2003年举国上下抗击“非典”时开始写作，历时一年半，但是其中的许多思考则是我30年农村工作的收获。这是我独立为农民写的第一本书，以前曾经主编过《农民上网100问》，内容是网络知识的普及。这本拙作的出版，没有收获的喜悦，只是对解决我国农业、农村、农民问题交的一份答卷，是否能够及格，只能由读者评判。因此多少又增添了一些忐忑。

我深知自己才疏学浅，对于教育、卫生和思想政治工作更是隔行如隔山，但是每次下乡看到农民增收致富的喜悦与遭遇“三农”问题的困惑，心中总是有一种强烈的撞击，要为更多的农民享受增收的喜悦，要为更多的农民解除困惑，这就是我写作的动力。“三农”问题的解决，当前需要国家调整工农关系，统筹城乡发展，长远的解决要靠农民自己提高综合素质。同时中国的现代化关键是实现农村的现代化，农村现代化的核心是农民的现代化，农民现代化的标志也是综合素质的提高。实现中国九亿农民的现代化是解决农村、农业所有问题的关键，这就是我写作的初衷。不能否认的是热情代替不了水平，真知才能灼见，由于我的理论水平不高，书中一定会有许多谬误之处，希望得到读者和专家的批评指正。

关于提高农民素质、开展农村教育的著作已经很多，本书写作中参考的书目已经列在书后，我的许多资料和观点正是得益于对他们研究成果的学习，在此谨向书的作者表示衷心的感谢！同时在本书的写作过程中得到了中国社会科学院农村发展研究所所长张晓山研究员、中国人民大学农业与农村发展学院院长温铁军研究员、中国版协国际合作出版促进会张三杰副秘书长、北京市城乡经济信息中心曹四发主任及其他众多同志指教和朋友的帮助，我在这里一并表示感谢！

焦守田

2004年10月